슈에이의 뜨개노트

글·그림 윤주영

재미있게 배우는
뜨개만화

니트
러브
knitlove.co.kr

예신 Books

책 머리에

뜨개질을 시작하다보면 답답한 순간이 참 많이 찾아옵니다.
특히, 마무리하는 방법이 딱 한 줄로 도안에 나와있을 때,
독특한 뜨개 기법이 기호 한 개로만 표시되어 있을 때
당황스럽고 답답해서 가슴을 쳤답니다.

주변에 뜨개질 하시는 분들도 대부분 저와 같은 고민을 하시는 것을
보고 뜨개질하는 법을 만화로 쉽고 재미있게 소개한
작품이 있다면 좋겠다는 생각에 과감히 펜을 잡게 되었습니다.

뜨개 노트가 여러분들 뜨개질의 답답함을 즐겁게 해소해 드릴 수
있다면 정말 행복할거예요!

뜨개질을 하시다가 막히거나 궁금한 부분이 생기시면
언제든지 편하게 메일이나 블로그에 질문을 남겨주세요.

끝으로 뜨개질 만화라는 새로운 장르를 마음껏 펼칠 수 있도록 기회를
제공해주신 니트러브의 조성진 대표님과 예신Books 임직원 여러분께
감사드립니다.

－윤 주 영

Contents

Chapter.01

뜨개질 시작해 볼까요?

뜨개뜨개~ 안녕하세요!
슈에이입니다.

니트러브
입니다~!

니트러브와 함께
뜨개질하는 법을 만화로
소개하게 되었습니다~

쉽니다~

뜨개질하기 좋은
허벌나게 추운 계절이 왔습니다.

조심해!

스트릿댄서가되고 있어요.

미끌~

꾸당!!

크흑ㅜㅜ
뜨개질하긴 좋지만
여러모로 위험하군요…
빙판 조심하세요…

저런!

얼얼

아무튼 겨울은 니트와 참 잘어울리는 계절이에요.

추울 땐 집에서 뜨개질이 최고~

맞아 맞아

습니다

다녀왔습니다~

저에겐 뜨개질하면 떠오르는 것이 세 가지 있습니다!

벽난로

흔들의자

할머니

바로 벽난롯가에서 흔들의자에 앉아 뜨개질하는 할머니가 떠올라요!

그림책이나 영화에서만 보던 그 장면.
손주를 위해, 자식을 위해
즐거운 표정으로 편안히
뜨개질을 하는 그 모습!

그 따뜻한 이미지에 매료되었나 봐요.

나두 태워줘~

누군가에게 포근함을
전한다는 것,
그것도 내 손으로 직접
할 수 있다는 점이
저에게 설렘을 가져다
주었나 봅니다.

오랜 세월 동안

실과 바늘만으로
사랑과 따스한 온기를 전한 손뜨개

북유럽의 차가운 바닷바람으로부터
바다 사나이들을 지켜준 니트!

시대적으로 맞지 않지만
유럽 바다 사나이 하면
왠지 바이킹!!

싸우고 있을 연인, 가족을 위한
그리움과 사랑이 담긴 니트

전쟁때군 위문품으로
뜨개 양말을 많이
만들었다고 해요~

몇백 년의 세월을 지나 요즈음에도
손뜨개는 친구나 연인을 위한
겨울 선물로 인기가 좋죠!

뜨겁구먼~

부럽군요.

10

니트의 기원은 이집트에서 시작된 것으로 추정된대요

오랜 세월,
몇백 년도 더
옛날부터
지금에
이르기까지

사람들은 가느다란
실 한가닥 속에

사랑과 마음을 담아
온기를 전해오고 있습니다.

그리고 손뜨개의 강점이라면!

크크!!

베틀이나

어질~

재봉틀처럼
크고 비싼 도구가
필요없이

바늘

실

너 하나만 있음 돼
ㅎㅎ

꽈악~

실과 바늘 한 쌍만 있으면
바로 시작할 수 있다는 점이지요!!

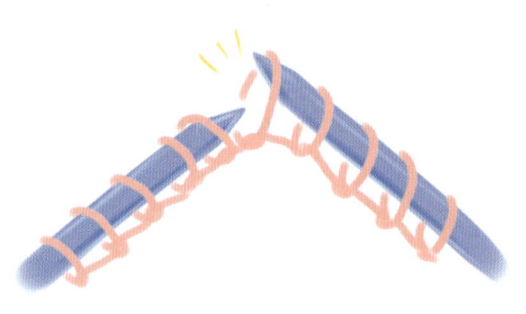

뜨개질을 하다 보면
실이 주는 탄력과 바늘에서 코가 쏙~
빠질 때의 느낌이 너무 좋아요!

바늘과 바늘이 따각따각 부딪히는 소리도
너무 좋구요!

그리고
완성품을 입은 내 모습을 보며
감탄할 사람들을 생각하면…

후후…

또 뜨개질이 취미라고 하면
사람들이 날 여성스럽다고
생각하겠죠… 후후후…

마음 속의 로망이었던 뜨개질로
무언가 만들어낼 수 있었고
온기를 전해 줄 수 있었던
경험들을 통해
손뜨개가 더욱 사랑스러워졌어요!

'고마워! 정말 따뜻해~' 이런 이야기를 들으면
정말 멈출 수 없게 되죠!

이런 즐거움을
모두가 느낄 수 있었으면 하는 마음에
펜과 바늘을 함께 잡게 되었습니다.

욕망의 뜨개

뜨개질을 하면 할수록,
왜 그토록 오랜 세월 뜨개질이 이어올 수 있었고
사랑받을 수 있었는지 새삼 실감하게 됩니다.

이제부터
본격적으로 뜨개질을 시작해보려 해요!
함께 바늘놀이 한판 즐겨주실…거죠?

여러분과 함께한 이야기와 아이템으로
한 장 한 장 채워져 정말 기뻐요!

즐거운 뜨개 노트,
언제든지 펼쳐 봐 주세요!

잘 부탁드려요~!!

Chapter.02

뜨개질하는 법! - 핸드워머 만들기

코잡기, 겉뜨기, 코막음하는 법

뜨개뜨개!
안녕하세요!
슈에이의 뜨개노트를
펼쳐보러 와주셨군요!!

요즘 몸이 무거워지도록 추워요!
칼바람과 반짝이는 빙판은
최고의 미끄럼 댄스 무대를 마련해주고 있죠…
외출하면 너무 피곤하고 힘들어요.

으으
덜덜덜…

흠… 하지만
춥다고 방에만 있자니
몸이 근질거리고 허무하죠!
이럴 땐 역시…

이럴 땐 역시
따뜻한 이불 덮고
뜨개질을 하는 거죠!!!

페인드라마까지
있으면 완벽!

대체로 뜨개질을 처음 하시는 분들이 목도리를 많이 뜨시는데요, 개인적으로는 비추천입니다!

왜냐하면……

제 키보다도 큰 걸 어느 세월에 다 뜨나요….

162cm

180 ~ 200cm

뜨다 지칩니다. 딱 내 남자면 좋을 길이구면…

처음엔 역시 작은 소품이 즐겁죠!

금방 뜰 수 있고, 금방 완성품이 생기니 기분도 좋고~

목도리보다 실값도 덜 들고 말이죠!!

그래서 저희가 이번에 추천하는 아이템은!!

핸드워머!!!

장갑을 따로 벗지 않고도
스마트폰을 사용할 수 있구요,

손가락이 자유로워서 편해요!
손시려울 때도 있긴 하지만요~ ㅋ

장갑을 벗을 일이 생기면
살짝 걷어주면
긴 소매같아 보인답니다.

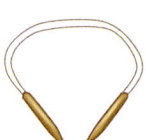

70g 실 한볼
추천 실 – 울노바, 키스

6mm 줄바늘

돗바늘
1개

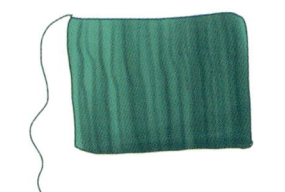

간단히 직사각형을 뜨고 나서

반 접어서 꿰매주고
뒤집어 주기만 하면
완성!!

실을 70cm 정도 뽑아주세요.

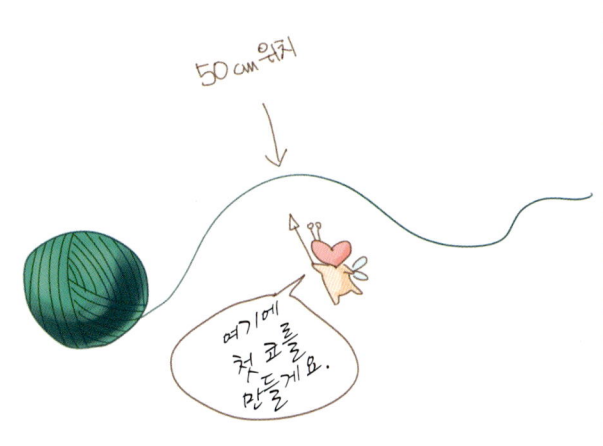

50cm 위치

여기에
첫 코를
만들게요.

19

그럼,
급 멋있어진 제 손으로
코잡는 법을
보여드릴게요!!

실을 한 번 꼬아주세요~

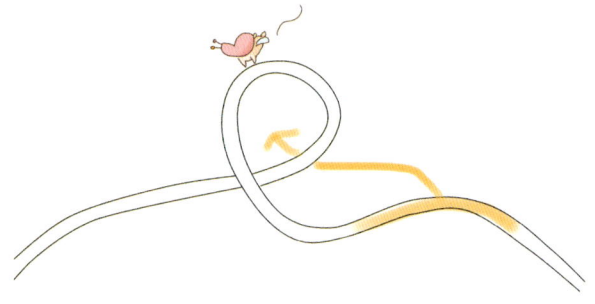

그리고 윗실을 아래로 보내서…

손으로 잡고 꺼내면!

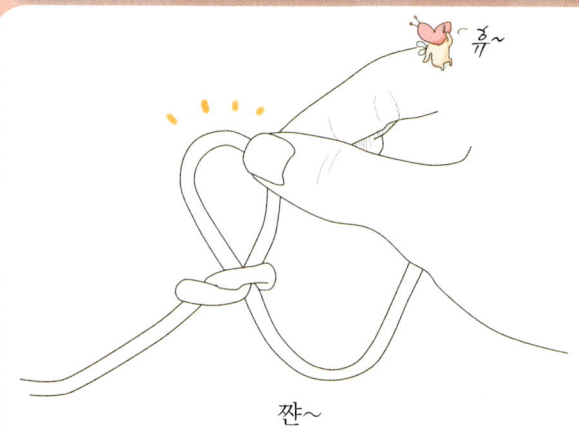

짠~
이런 고리가 만들어집니다.
이 고리 하나를 '코' 라고 불러요~!
고리에 줄바늘을 끼우고
고리가 바늘에 맞게 작아지도록 실을 당겨주세요!

짠~ 한 코가 완성되었어요!!

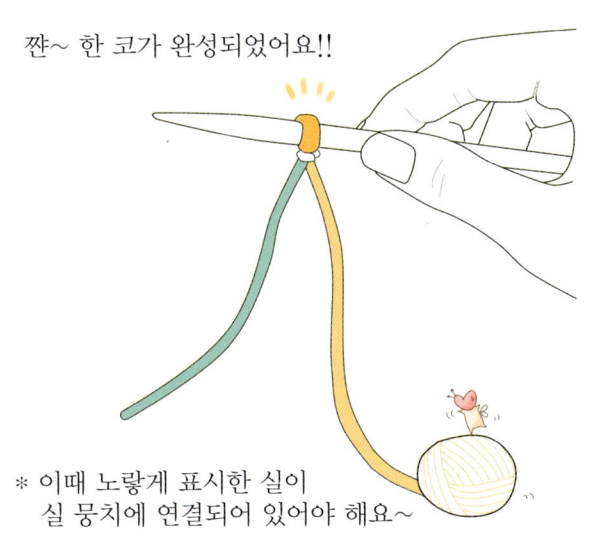

* 이때 노랗게 표시한 실이
   실 뭉치에 연결되어 있어야 해요~

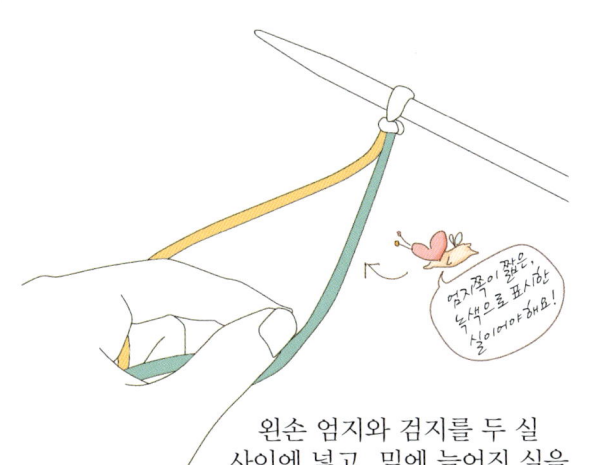

엄지쪽이 짧은,
녹색으로 표시한
실이어야해요!

왼손 엄지와 검지를 두 실
사이에 넣고, 밑에 늘어진 실을
왼손 중지와 약지, 새끼손가락으로
살짝 쥐어주세요.

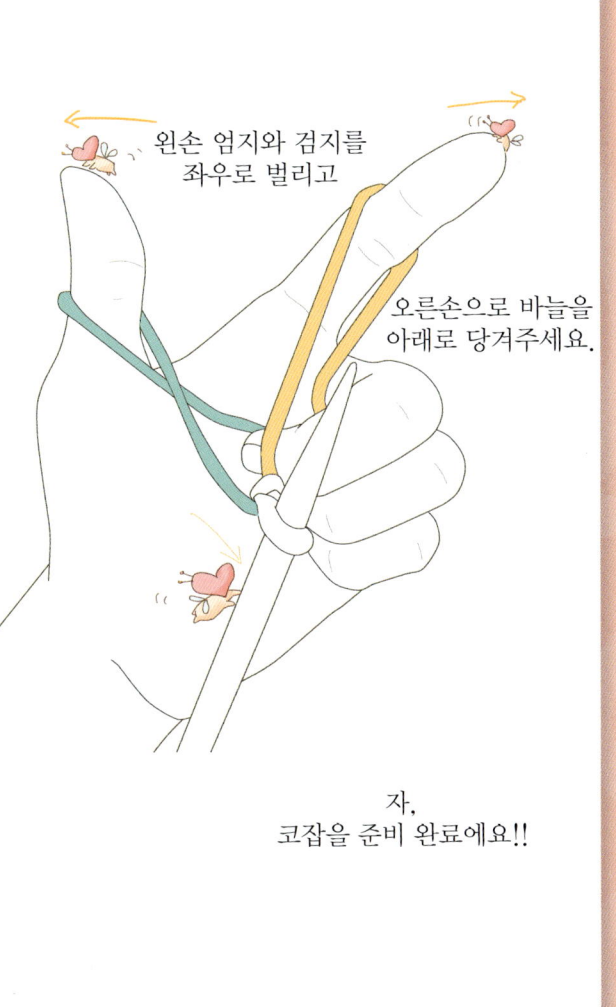

왼손 엄지와 검지를
좌우로 벌리고

오른손으로 바늘을
아래로 당겨주세요.

자,
코잡을 준비 완료에요!!

1. 오른손의 바늘을 엄지 쪽
   실 사이로 통과시키세요.

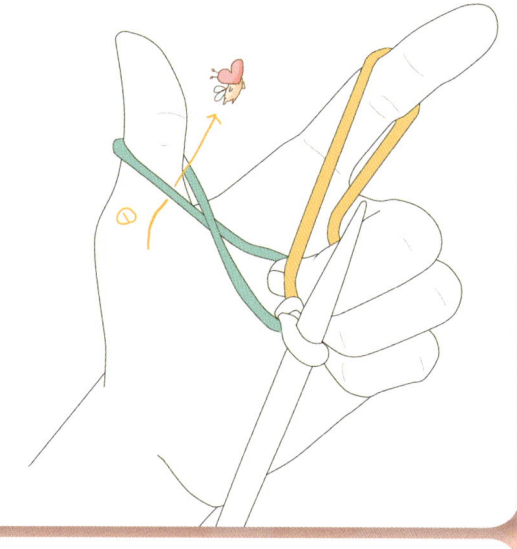

2. 실 사이에 통과시킨 채로 주황색으로
   표시한 부분 밑으로 바늘을 넣으세요.

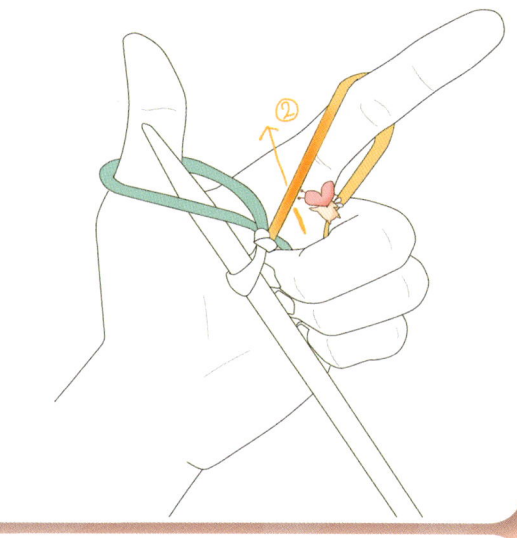

3. 이런 모양이 될 거에요!
   주황색으로 표시한 부분이 걸려있는 채로 다시
   처음에 들어왔던 실 사이로 바늘을 꺼내세요~

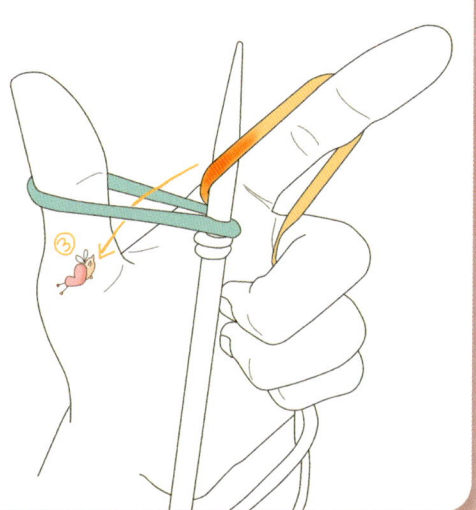

4. 짠~!
   이제 왼손 엄지와 검지에서 실을 빼주시고,

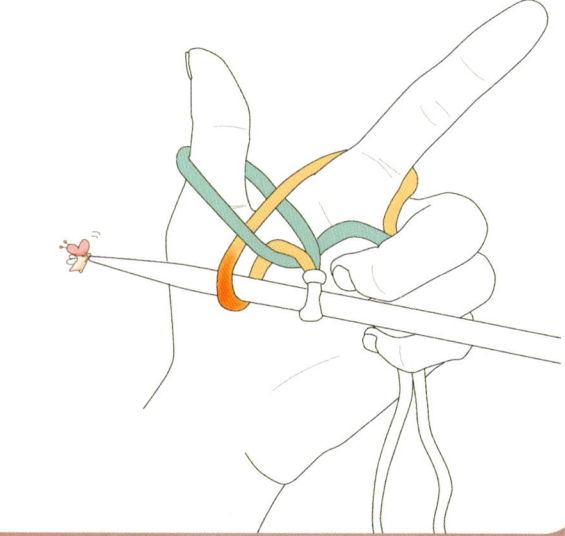

왼손 중지~새끼의
세 손가락은 실을
계속 쥐고계셔야해요~

다시 코잡기 첫 번째 과정처럼
왼손 엄지와 검지를 실 사이에 넣고
손가락을 좌우로 벌려주세요.

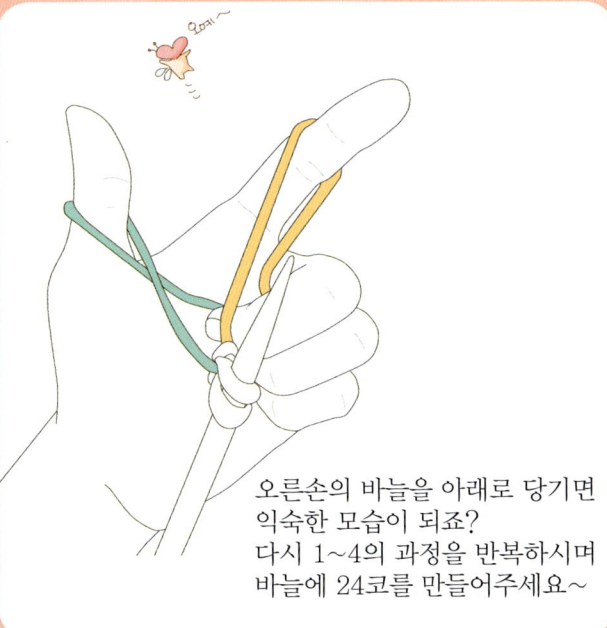

오른손의 바늘을 아래로 당기면
익숙한 모습이 되죠?
다시 1~4의 과정을 반복하시며
바늘에 24코를 만들어주세요~

24코를 다 만드셨으면
뜨개질할 준비 완료에요~!

이제 겉뜨기로
40단만 뜨면 됩니…

참!
저는 왼손으로
뜨는법을 소개할거예요!

왼손으로뜨는법을
컨티넨탈 혹은 프렌치니팅
이라한답니다~

왜 하필 왼손인가…!!

오른손으로 뜨면
모든 코마다 실을 걸어주기 위해
팔과 어깨를 엄청 사용하게 되요.
이동거리도 길고 쓸데없는 움직임이 많죠.

저의 경우, 오른손으로 뜰 때는
팔과 손목이 너무 아파서
한 시간 이상 뜰 수가 없어요…

그런데! 왼손으로 뜨면
손가락과 손목의 최소한의
움직임만으로
뜨개질이 가능해요!

그래서 몸도 편안하고 무엇
보다도 뜨는 속도가 엄청나
게 빨라진다는 장점이 있어
요!! 오예~!

따라서 왼손 기준으로 설명을 하겠습니다.

혹시, 오른손잡이셔서 걱정되시나요?
걱정마셔요~!

오른손잡이이신 분들 모두
걱정마셔요. 저도 이렇게나
완벽한 오른손잡이에요!

앗!
벌써 24코 다 잡으셨을텐데,
말이 너무 많았죠?
얼른 왼손으로 겉뜨기
시작할게요~!!

그림처럼 왼손 새끼손가락에 실을 한 번 감아주고,
나머지 실을 검지손가락에 걸쳐 주세요.

1. 첫 번째 코에 오른쪽 바늘을 찔러 넣으세요.

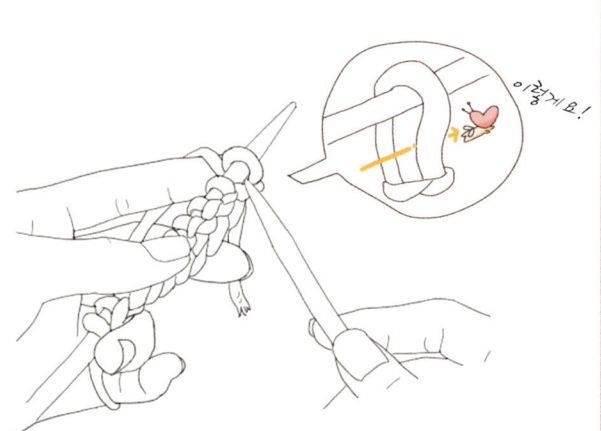

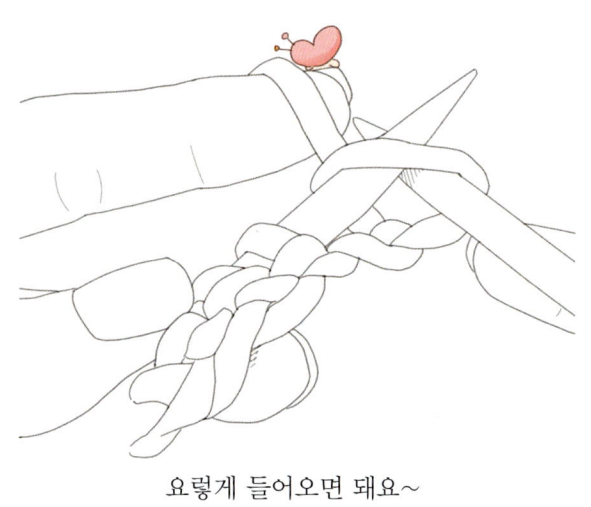

요렇게 들어오면 돼요~

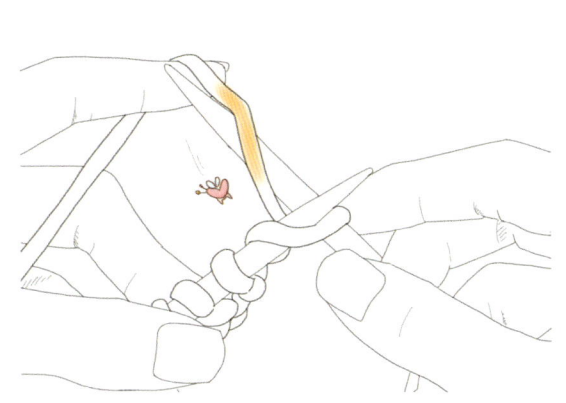

2. 왼손 검지에 걸친 실을 오른쪽 바늘에 살짝 걸고

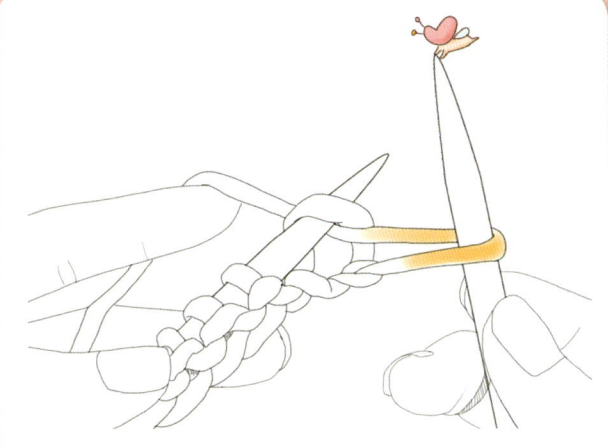

3. 걸친 실을 끌어내면서 처음 들어왔던 구멍으로
   나갑니다. 새로운 코가 오른쪽 바늘에 걸렸어요~

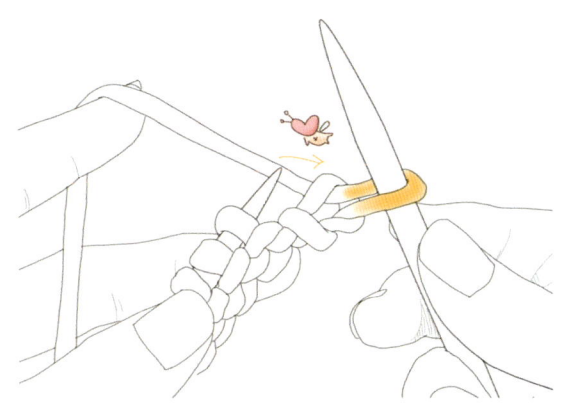

4. 왼쪽 바늘에 걸려있는 옛날 코를 바늘에서
   빼주세요!

다음 코도 똑같이
반복하시면서 한 줄을 끝까지
겉뜨기로 뜨셔요!
뜨개에서는 1줄을
'1단' 이라고 한답니다!

앞뒷면을 모두 겉뜨기로 뜨시면 이런 블럭같은
가로무늬가 나와요. 이 무늬를 '가터뜨기' 라고
부른답니다~

겉뜨기로 40단, 혹은 자로 재어보시고
18cm가 될 때까지 떠주세요!

다떴다!!!!

수고하셨어요~!
이제 마지막 스텝인 코막음만 남았어요!

바늘에 걸린 채로는
착용도 못하고,

바늘에서 코가 빠지면 주르륵 다 풀리기도 해요!!

으아아아

이…이런 무서운 일이
발생해서는 안되겠죠!
하나의 조각으로
완성시켜 주는 것이 바로
'코막음' 이에요.

무서웠어!

두근
두근

1. 겉뜨기로 2코를 뜨세요.

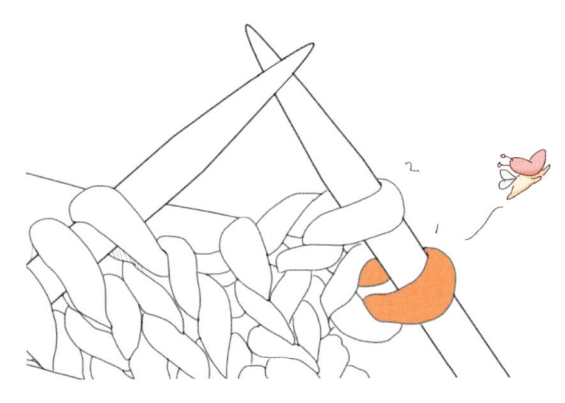

2. 첫 번째 코에 왼쪽 바늘을 찔러 넣으세요!

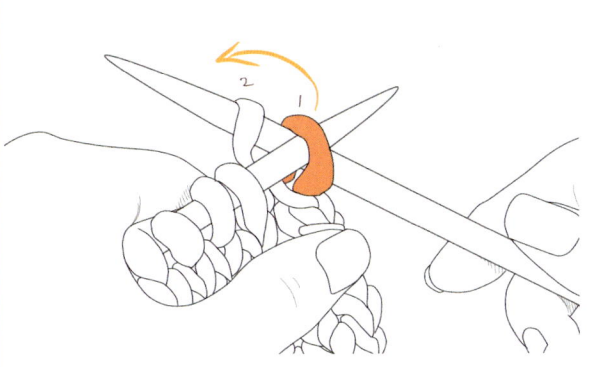

3. 첫 번째 코를 끌어 당겨
   두 번째 코에 덮어 씌워주세요!

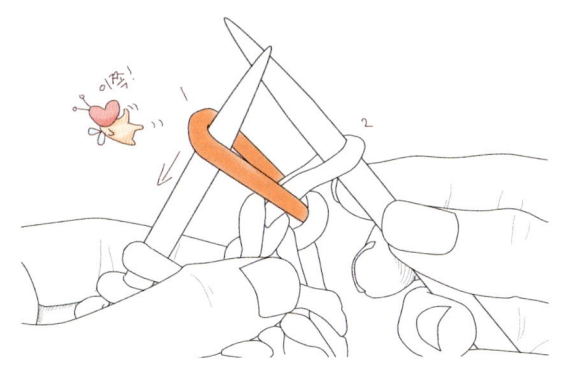

4. 그리고 왼쪽 바늘을 빼주면!

29

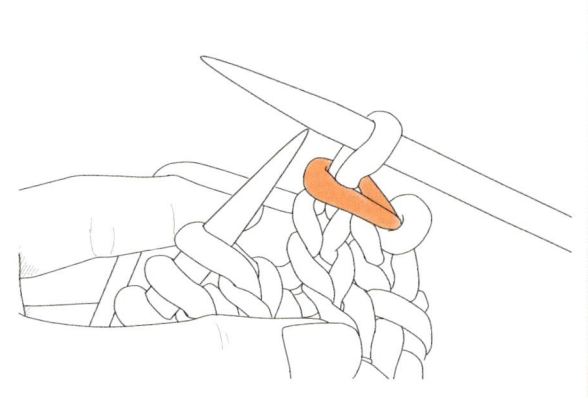

짠~ 오른쪽 바늘에서 1코가 줄어들었죠?
한 코를 코막음하신거에요~!!

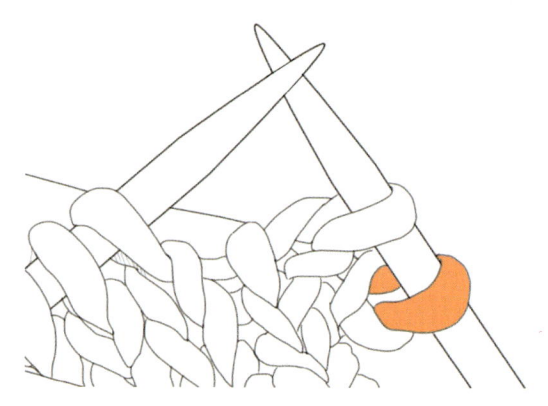

이제 겉뜨기를 1코 더 뜨시면
오른쪽 바늘에 다시 2코가 생겨요.
이 2코로 1~4처럼 첫 코에 왼쪽 바늘을 찔러 넣어
두 번째 코를 덮어 씌워주는 일을 반복하시면 됩니다.

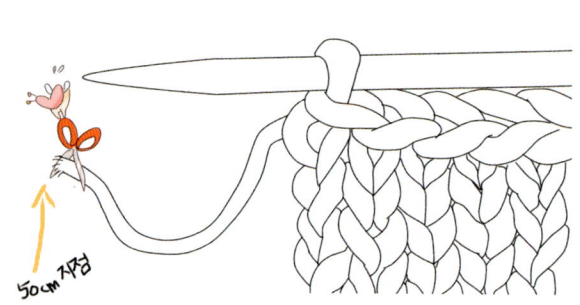

50cm 지점

마지막 1코가 남게 되면
남은 실을 50cm 정도 남기고 잘라주세요.

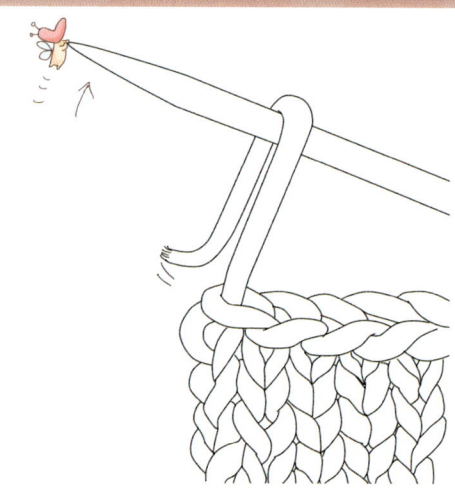

그리고 바늘을 쭉 당겨서 실을 뽑아 올려주세요.
타이트하게 잘 당겨주세요.

와~! 수고하셨어요!
이제 뜨개질은 끝입니다!!
오예~~!
이제 간단히 꿰매기만 하면
핸드워머 완성이에요!

예~!

코막음 후
길게 빼둔 실에
돗바늘을 꿰어주세요.

반을 접어주세요.
가터뜨기는 앞뒷면이 똑같아서
따로 앞뒤를 구분하지 않으셔도
된답니다!

뜬 방향

세로무늬   VS   가로무늬

뜬 방향

접는 방향에 따라
무늬 방향이 결정돼요~
취향에 따라 선택하셔요.

한쪽을 꿰매주시면 되는데요,
엄지손가락이 나올 구멍만 남기고
꿰매시면 됩니다.

2.5cm

4.5cm
엄지위치

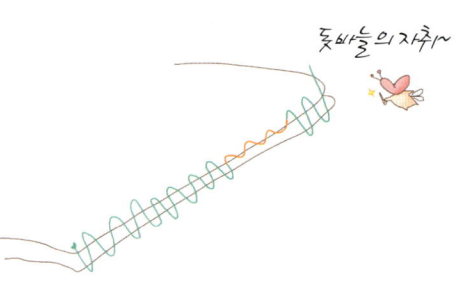

돗바늘의 자취~

두 겹을 함께 꿰매다가
엄지 부분에서는
한쪽 면만 꿰매며 지나가세요.
그리고 엄지 부분이 끝나면
다시 두 장을 함께 끝까지 꿰매주세요~

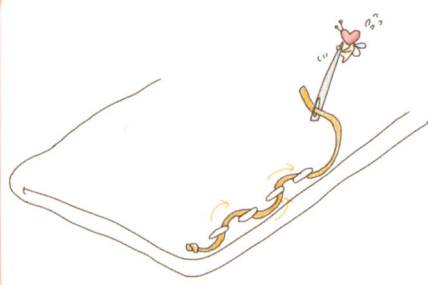

다 꿰매셨으면
풀리지 않게 매듭을 지어 주시고
남은 실은 바늘땀 사이사이로 샥샥
넣어주세요.
3~4cm 정도 길이를 그렇게 감추셨다면
실 끝을 살짝 당겨 바짝 잘라주세요.
이때 뜨개질한 코가 잘리지 않게
주의하셔야 해요!

이제 꿰면
자국이 보이지 않게
뒤집어주면...

두근 두근

두근 두근

까아~!

완성!!

단색으로 떠본 핸드워머에요.
남자들에게도 무난히 어울리게 심플하죠?

이얏호~!
드디어 핸드워머를 완성하셨습니다!!
수고 많으셨어요!!

이제 한 짝만 더 뜨면
양손을 위한 핸드워머 세트가
완성이에요~!!

이것으로 당신도……

뜨개의 기초를
마스터하셨습니다~!!!

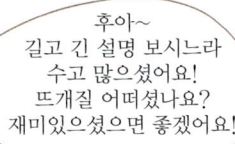

후아~
길고 긴 설명 보시느라
수고 많으셨어요!
뜨개질 어떠셨나요?
재미있으셨으면 좋겠어요!

다음 장에서는
안뜨기와 겉뜨기를 조합한
심플하고 귀여운 모자를
떠보려고 해요!
뜨개노트 다음 장도
넘겨봐 주세요~!

다음 장에서 또
만나요 ♥

35

Chapter.03

귀여운 방울모자 만들기

코잡기, 겉뜨기, 코막음하는 법

모자하면

방울 모자!!

방울은 왠지 귀엽잖아요~
그리고 방울 달린 모자야말로
겨울니트 모자의 고전이란
이미지고요!!

그런가?

그리고!
왠지 방울을 직접 만들었다고 하면
대단해 보이잖아요!!

그런고로~
이번 장에서는 겉뜨기의 짝꿍인
안뜨기로 두 가지 무늬의
모자를 만들거에요~

(2코) 고무뜨기   메리야스뜨기

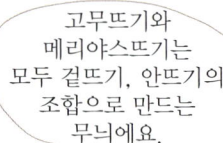

고무뜨기와
메리야스뜨기는
모두 겉뜨기, 안뜨기의
조합으로 만드는
무늬에요.

고무뜨기는 11자 요철이 있어서 신축성이
좋아요! 그래서 '고무' 뜨기라 부릅니다.
스웨터 소매 끝, 몸판 밑등에서
많이 보실 수 있어요!

메리야스뜨기는 가장 흔한 모양이에요.
겉면은 겉뜨기로, 안쪽면(뒷면)은
안뜨기로 한단씩 번갈아 뜨면
나오는 모양이에요.

겉뜨기

겉면은 겉뜨기로 떠서
하트 같은 겉뜨기의 모양

안뜨기

안쪽면은 안뜨기로 떠서
가로무늬 같은 안뜨기 모양

고무뜨기는 겉뜨기, 안뜨기를
코마다 번갈아가며 떠줘요.
이번에는 2코씩 번갈아 떠줄거에요~
그래서 2코 고무뜨기랍니다!

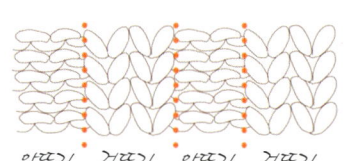

안뜨기 겉뜨기 안뜨기 겉뜨기
2코   2코   2코   2코

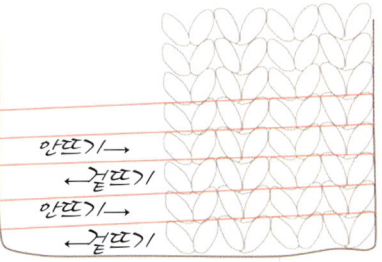

겉뜨기의 뒷면이 바로 안뜨기랍니다~
그래서 메리야스뜨기는 한 줄(단) 마다
겉뜨기와 안뜨기를 번갈아 떠요.
겉뜨기 한 단… 안뜨기 한 단… 겉뜨기 한 단…

오늘의 모자는
일자로 뜬 후에 한쪽 면을 꿰매서
원통형으로 만들어 줄거에요!

일자로 쭉 뜨고

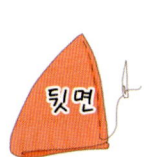

반 접어 꿰매서

완성!!

〈모자사이즈〉

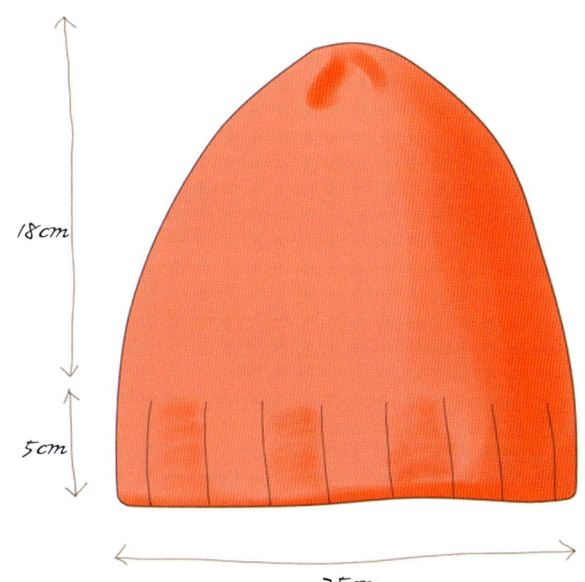

18cm

5cm

25cm

필요한 재료들

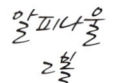

알피나울
2볼

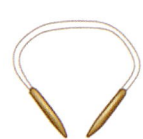

6mm
줄바늘

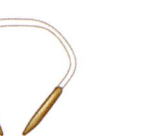

돗바늘

두꺼운 종이
(택배상자가 있으시면
그걸로 쓰세요~
적당히 단단해서 좋아요!)

가위

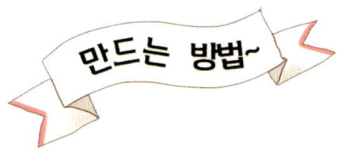

먼저, 코만들기로 70코를 만드세요.

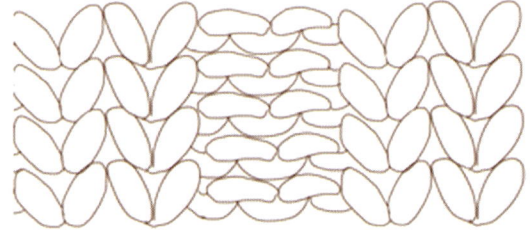

겉뜨기 2코 　안뜨기 2코 　겉뜨기 2코

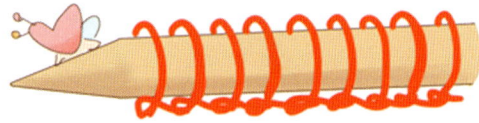

겉뜨기 2코, 안뜨기 2코를 반복해 주세요.
마지막 2코는 겉뜨기로 끝날거에요.

안뜨기하는 방법은
또 갑자기 멋져진 제 손으로
보여드릴게요!!

안뜨기는 실이
몸쪽에 있어야 해요!!

왼손 검지에 걸어둔 실을 왼쪽 바늘의
앞에 오도록 잡아주세요.

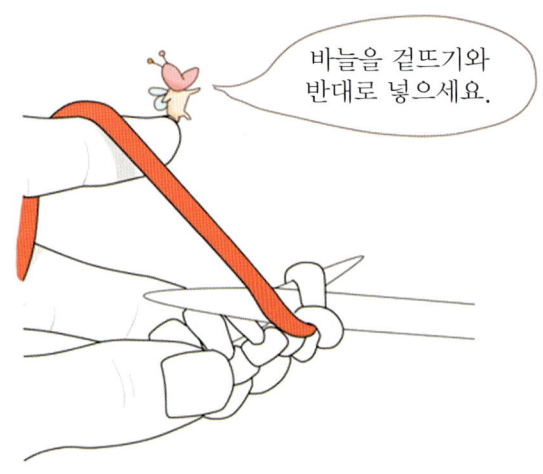

바늘을 겉뜨기와
반대로 넣으세요.

바늘을 뒤에서 앞으로 넣어주세요.
약간 수직으로 넣는 느낌으로요.

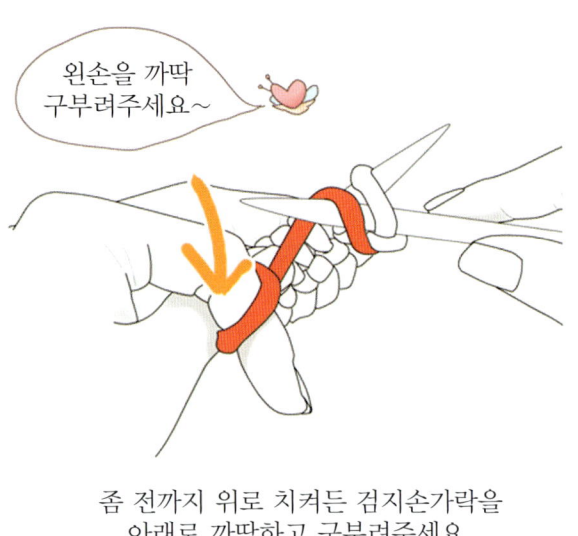

왼손을 까딱
구부려주세요~

좀 전까지 위로 치켜든 검지손가락을
아래로 까딱하고 구부려주세요.
그러면 오른쪽 바늘에 실이 걸쳐져요~

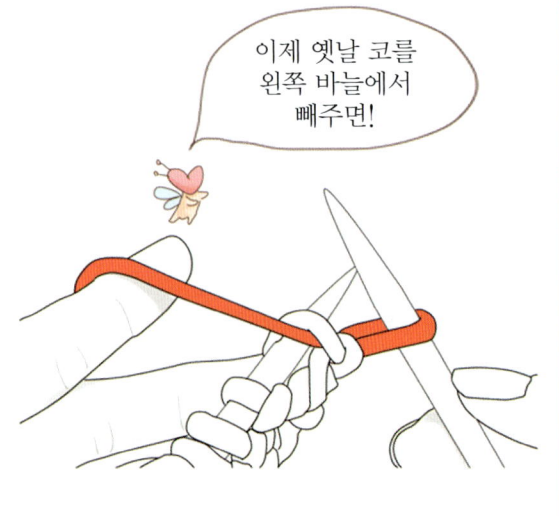

이제 옛날 코를
왼쪽 바늘에서
빼주면!

실이 걸쳐진 오른쪽 바늘을
다시 들어왔던 구멍으로 빼주세요.

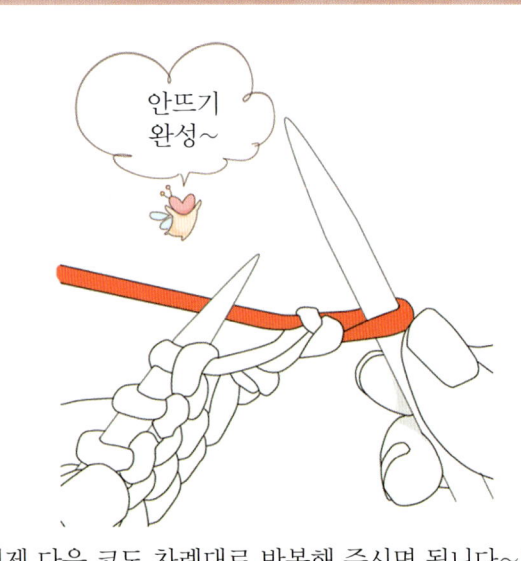

안뜨기
완성~

이제 다음 코도 차례대로 반복해 주시면 됩니다~!
찌르고! 걸치고! 꺼내고! 빼주고~

겉뜨기 2코   안뜨기 2코   겉뜨기 2코

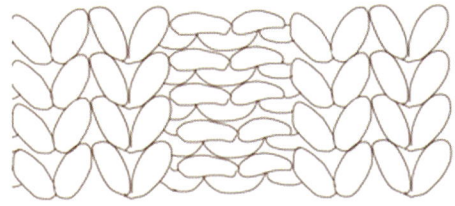

이제 앞서 말씀드렸듯이 겉뜨기 2코,
안뜨기 2코를 반복해 주세요. 겉뜨기로
시작해서 마지막 2코도 겉뜨기로 끝날거에요.

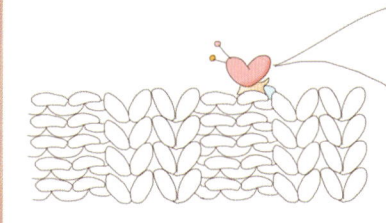

고무뜨기하실 땐
주의하실 점이
있어요!

* 겉뜨기한 후 안뜨기 차례에 실을 걸친 집게
손가락을 안쪽으로 한 번 당겨주신 후 안뜨기를
뜨셔야 해요. 실이 앞쪽에 오도록이요.
안그러면 구멍이 생기면서 콧수가 늘어나요!!

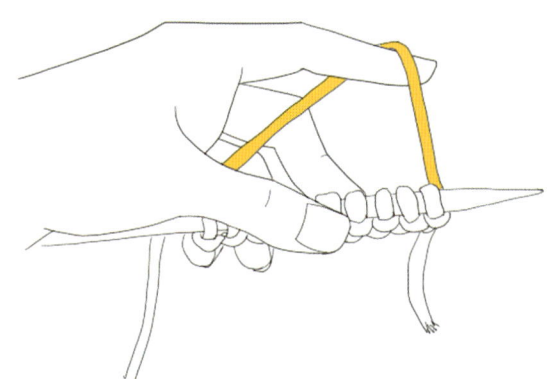

겉뜨기할 때엔 이렇게 실이 바늘 뒤에 있어야 하고

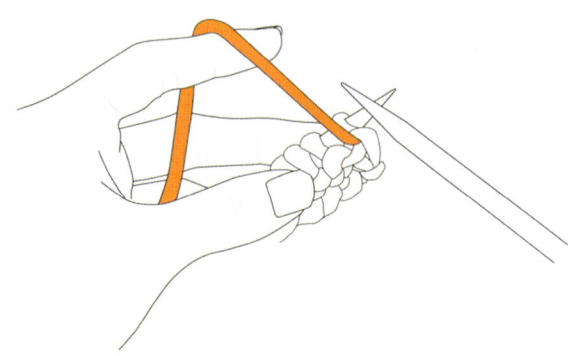

안뜨기할 때엔 이렇게 실이 바늘 앞쪽에 있어야 해요!

겉뜨기 2코, 안뜨기 2코를 반복하여 뜨시고 뒤집어서
다음 단은 안뜨기 2코, 겉뜨기 2코 순서가 되어요.
겉뜨기의 뒷면이 안뜨기이기 때문에 앞쪽에서 겉뜨기
모양이 나오려면 뒷쪽에서는 안뜨기를 뜨셔야 한답니다.
반대로 앞쪽에서 안뜨기 모양이면 뒷쪽에서 겉뜨기를
해줘야 안뜨기 모양이 유지되어요!

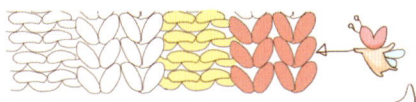

헷갈리신다면 '보이는 모양대로'
뜨시면 돼요~ 겉뜨기 모양이면 겉뜨기로,
안뜨기 모양이면 안뜨기로요!

겉뜨기 2코,
안뜨기 2코의 고무 단을
총 8단 떠주세요~

24단

고무 단을
완료하셨다면
메리야스뜨기로
24단 떠주세요~

메리야스뜨기는
겉뜨기 1단,
뒤집어 안뜨기
1단을 반복하시며
뜨시면 돼요~

겉뜨기로 쭉...　　뒤집어서　　안뜨기로 쭉~　　뒤집어서
　　　　　　　　　　　　　　　　　　　　　　　겉뜨기~

메리야스뜨기로
24단을 다 뜨셨으면
이제 뾰족한 모양이 되도록
만드셔야 해요~

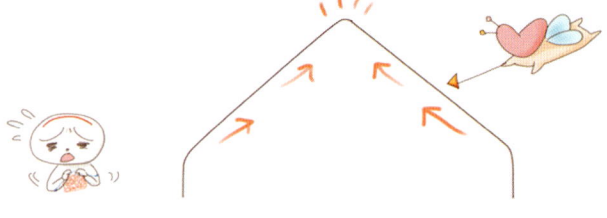

이렇게 뾰족하게
좁아지려면 콧수를 줄여나가야 해요~
코줄임은 '왼코 겹치기' 라는 2코를
한꺼번에 뜨는 법으로 할 수 있어요.

조금만
더 뜨면...

24단
다 떴다!!!
이제 코줄임을… 어…?

휴~

어라?
어떻게 이렇게
넓적 네모가 세모로 줄어들지?

긁적

??

각각의 선에서
코줄임이 일어나요!

한쪽에서의
코줄임을 확대해 보면
이런 모양이에요~

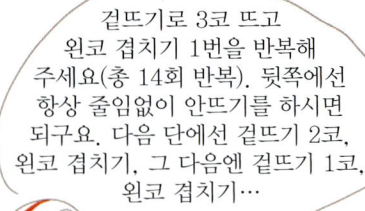

겉뜨기로 3코 뜨고
왼코 겹치기 1번을 반복해
주세요(총 14회 반복). 뒷쪽에선
항상 줄임없이 안뜨기를 하시면
되구요. 다음 단에선 겉뜨기 2코,
왼코 겹치기, 그 다음엔 겉뜨기 1코,
왼코 겹치기…

겉뜨기 콧수가
3, 2, 1 하면서
1코씩 줄어드는구나!

간단하죠?

〈왼코 겹치기하는 법〉

왼코 겹치기는
2코를 한꺼번에 겉뜨기로
떠 주는 기법이에요~

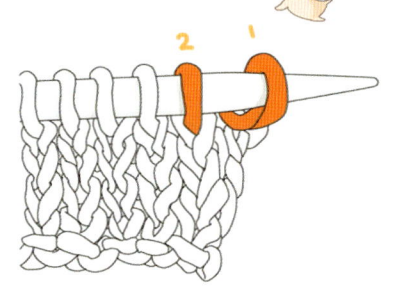

겉뜨기와 똑같이 뜨는데,
두 코를 한꺼번에 뜨시면 됩니다.

겉뜨기와 똑같이
뜨시면 돼요~

두 번째 코를 통해 첫 번째 코까지 바늘을 찔러 넣으시고
겉뜨기 하듯 오른쪽 바늘로 실을 끌어내면 됩니다.

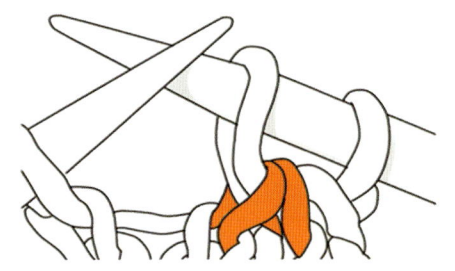

두 코가 합체~!

완성!!
두 코가 하나가 되었습니다~

이런 조각이
14개 있는 거구연

이제 겉뜨기 3코,
왼코 겹치기 반복,
안뜨기, 겉뜨기 2코,
왼코 겹치기 반복,
안뜨기, 겉뜨기 1코,
왼코 겹치기 반복, 안뜨기,
왼코 겹치기만 쭉~,
안뜨기를 하시면 됩니다.

49

다 뜨시고 나면
14코가 남을거에요~

실을 50cm 정도 남기고
끊으신 후, 돗바늘을 실에
끼워주세요.

그리고 돗바늘을
모든 코 사이로 통과시켜
꽉 당겨주세요!

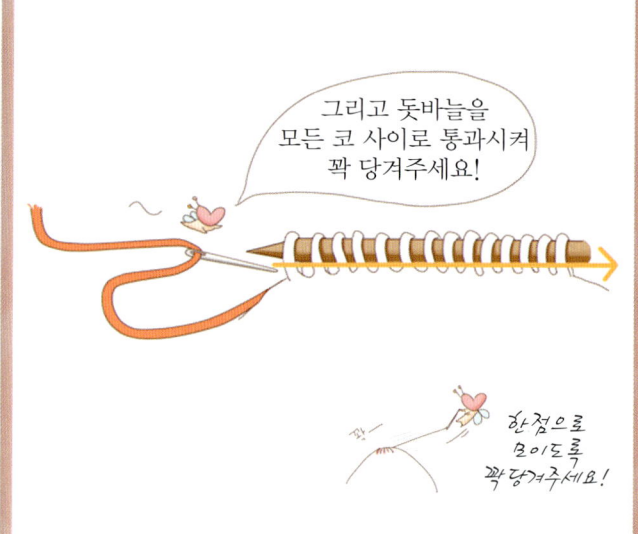

한점으로
보이도록
꽉 당겨주세요!

모자를 겉면이 마주보게
반 접어서 14코가
안풀리게 매듭을
한 번 지어주세요.
그리고 한 쪽 면을 꿰매주세요.

겉면이 나오게
뒤집어주면….

다
꿰매셨다면

완성!!

흐음~ 모자만 있으니
뭔가 허전해요…
방울… 방울이 필요해…

썰렁~

몇가지 방법으로
방울을 만들 수 있는데요,
폼폼메이커를 이용하시면
편하지만…

쉽게 찾을 수
있는 두꺼운 종이와
가위만 가지고 만드는 법을
소개할게요!

ㄷ자 형태로
종이를 잘라주세요.
높이는 원하는 방울의 지름보다
0.5cm 더 크면 좋습니다.

그림처럼 실을 감아주세요.
단! 많이 많이 두툼하게
감으셔야 해요!!
방울 크기가 클 수록
실을 훨씬 더 많이 감아야 해요!

다 감으셨으면
ㄷ의 뚫린 부분을 이용해서
같은 실로 가운데를 꽉
묶어주세요. 타이트하게
두 번 감아 꽉 묶어주셔야
방울이 예쁘게 고정되요~

실을 조금만 감으면
이렇게 슬픈 실묶음이 되버려요ㅜㅜ

여기랑

여기도요!

가위로 실이 접힌 부분(ㄷ자 위, 아래)을
잘라 주세요.

자르시고나면
지저분한데 방울스런
모습이 될거에요~

꽤나 실조각이
날리기 때문에 신문지를
깔거나 쓰레기통 위에서
하시는게좋아요.
안그럼 엄마한테 혼날수가
있습니다…

예쁜 동그라미가
되도록 가위로
정리해주세요~

참! 가운데를 묶었던
실 중 1가닥은 자르지말고
남겨두세요.
모자에 방울을 달 때에
사용할 거에요!

돗바늘에 1올
길게 남긴 실을 꿰어
모자 꼭대기에 달아주세요!
모자 안쪽에 매듭을 지으면
깔끔해요~

방울 완성!!
모자 완성!!

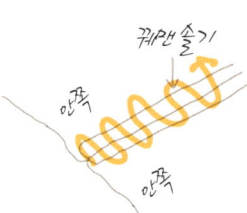

꿰맨 솔기

안쪽

안쪽

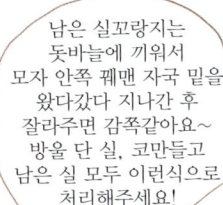

남은 실꼬랑지는
돗바늘에 끼워서
모자 안쪽 꿰맨 자국 밑을
왔다갔다 지나간 후
잘라주면 감쪽같아요~
방울 단 실, 코만들고
남은 실 모두 이런식으로
처리해주세요!

방울 모자
완서엉~~~!!!!

오예~!

팡~

펑

53

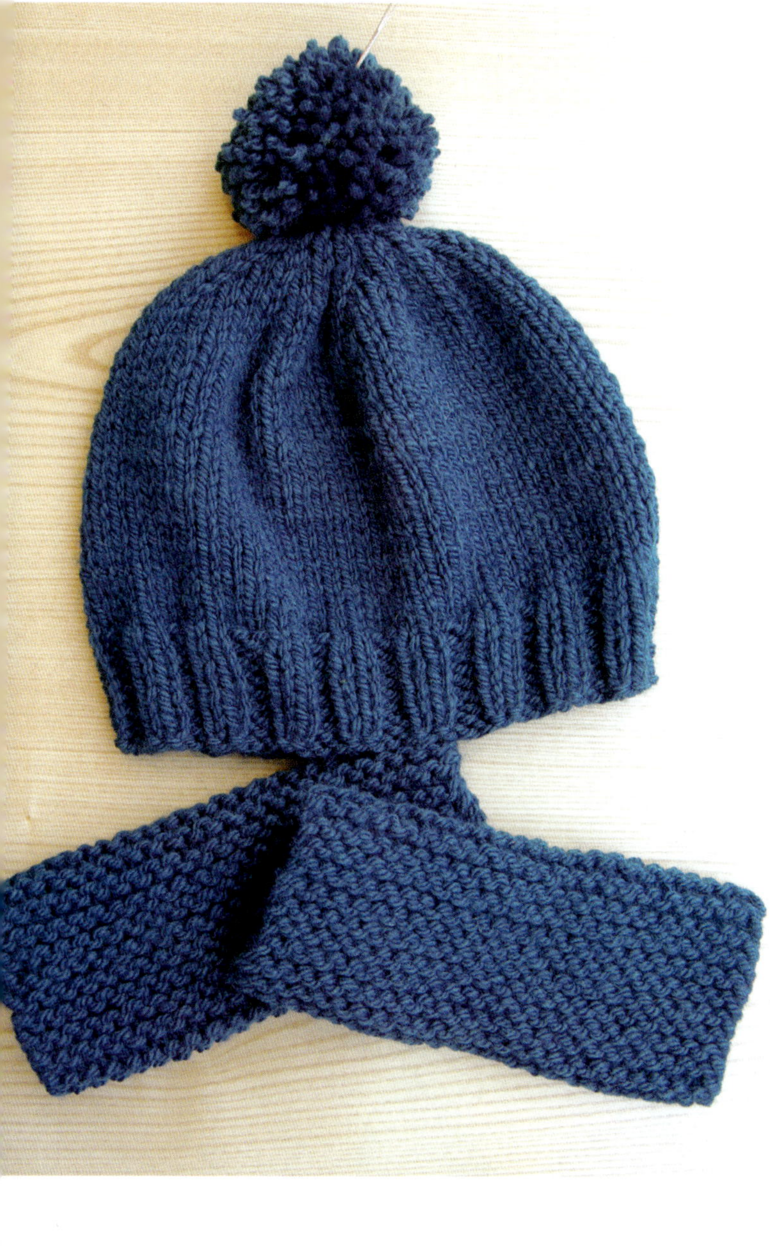

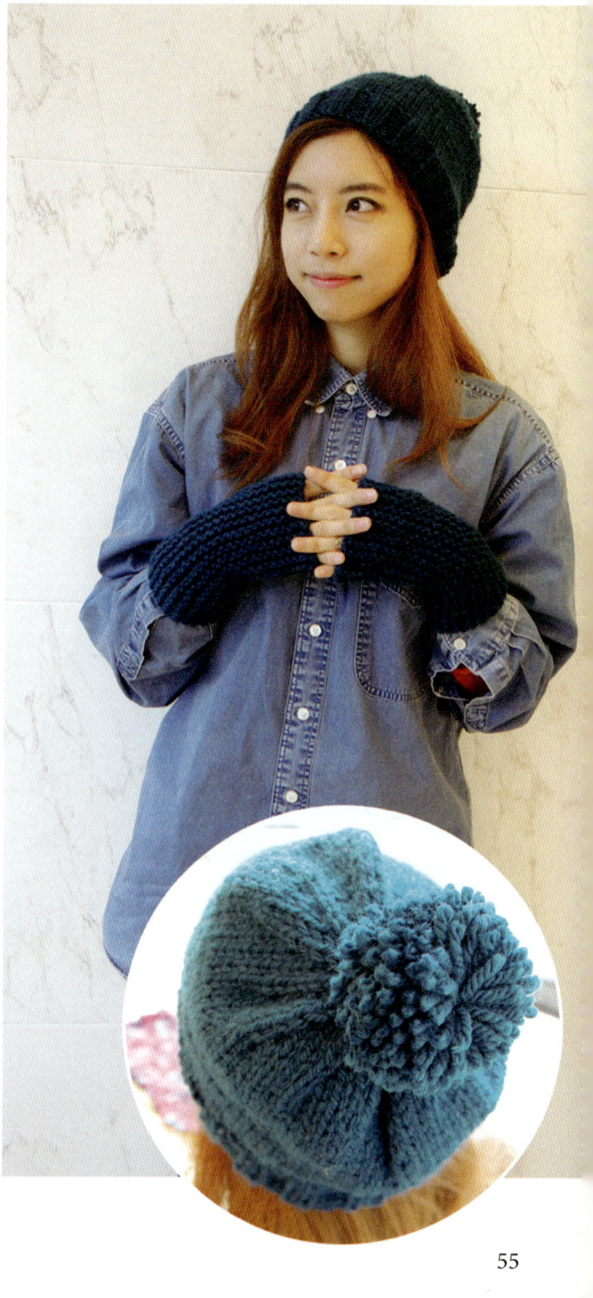

헤헤~ 따뜻한 기본 모자가 생기니
왠지 든든한데요!!
모자뜨기는 어떠셨나요?
저는 방울 만들기에 푹 빠져버렸어요~

기본 겉뜨기, 안뜨기를
익혔으니 다음 번엔
미니케이프로도 활용 가능한
심플 넥워머를 만들어 볼까 해요~
다음 장에서 만나요~

Chapter.04

다용도 넥워머
바늘비우기로 단춧구멍 만드는 법
그리고 발렌타인데이를 위한
달콤 파우치

안녕하세요. 니트를 사랑하는 쌤이에요.

[쌤, 5살, 슈에이네 치와와]
[취미 : 누나가 뜬 니트 위에서 잠자기]

슈에이 누나가 이번엔
다용도 넥워머를 떴대요.

넓게 깔아도 좋구요~

편안함의 상징
개다리 뻗기!!

덮어도 아주 좋아요.

으음~

카라 달린 망토처럼 두를 수도있고요…
우음~ 쿨… 쿨……

그게
아니지!!!

뜨개뜨개~ 안녕하세요
슈에이의 뜨개노트를 펼쳐보러
와 주셨군요!

안녕하세요~

이번 장에서는 단추를 단
다용도 넥워머를
만들어 볼거에요~

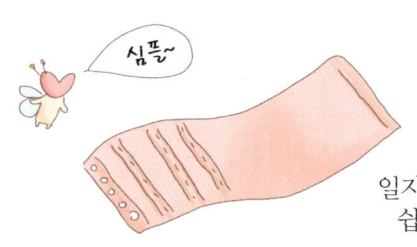

심플~

일자로 네모나게
쉽게 뜨구요,

단추를 모두 채우면
넥워머로 사용할 수 있고,

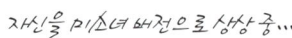

자신을 미소녀 버전으로 상상 중...

단추를 중간에만 채우면
카라처럼!

첫번째 단추만 채우면
미니 케이프로도
활용이 가능해요!

꼬덕~

심플하게 뜨고
다용도로 이용 가능! 변신 가능!
효율성 높죠~ 후후

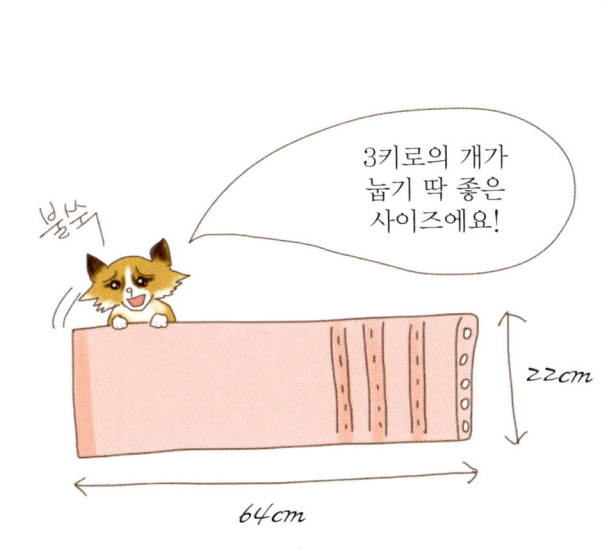

부들

3키로의 개가
눕기 딱 좋은
사이즈에요!

22cm

64cm

아사모아 래센느 2볼
(색상 : 12 핑크)

6mm 줄바늘

15mm~18mm
단추 5개

솔직히 엄청
헷갈렸어~

그동안
길고 긴 말 설명 보시느라
너무 헷갈리셨죠?
이제는 한눈에 도안을 보실 수 있도록
이번에는……

도안보는 방법을
소개합니다!!!!!

61

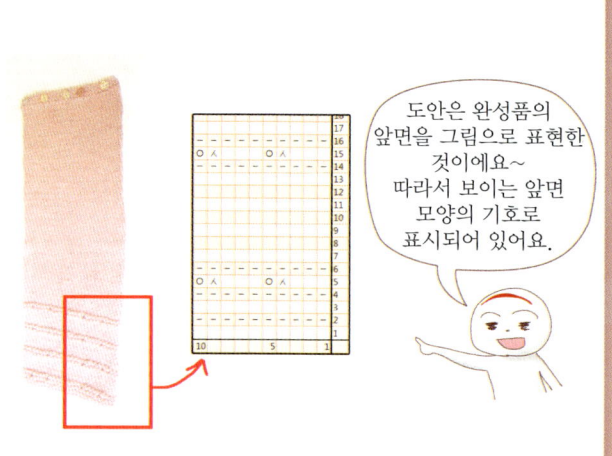

도안은 완성품의 앞면을 그림으로 표현한 것이에요~ 따라서 보이는 앞면 모양의 기호로 표시되어 있어요.

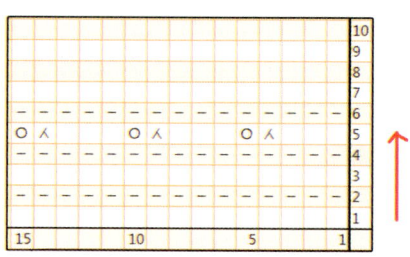

뜨개질은 밑에서 위로 떠올라가기 때문에 밑에서부터 1단이 시작되어요.

그리고 첫 단은 오른쪽에서 왼쪽으로 뜨다가 다음 단은 뒤집어서 반대 방향으로 진행하게 되기 때문에 아래의 도안에서 1번째 단은 오른쪽의 1부터 1, 2, 3, 4, 5 순으로 진행하고, 다음단은 5, 4, 3, 2, 1 순으로 진행하게 되요.

어라? □ 네모는 뭐고 ■ 이건뭐고 ∧ 얘넨또 뭐지?? ─, ∧, ○?

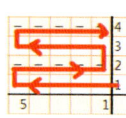

웃?
숭?
─∧─?

대체로 도안 옆에 기호 뜻이 나와있어요~

	겉뜨기
─	안뜨기
∧	왼코겹치기
○	바늘비우기

도안에서의 가터뜨기 표기

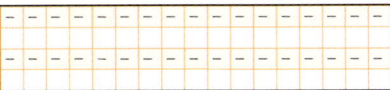

가터뜨기는 모든 단에서 겉뜨기를 하는 무늬죠.
때문에 겉면에서 겉뜨기의 겉면과 뒷면인 안뜨기 무늬가
번갈아 나타나게 되어요. 도안은 겉면만 그리기
때문에 안뜨기 무늬가 그려지는 거에요~

이렇게 도안에서는 겉에서
보는 무늬가 그려지기 때문에 뒷면
뜨실 때에 겉뜨기/안뜨기를 반대로
뜨시도록 주의하셔야 해요~

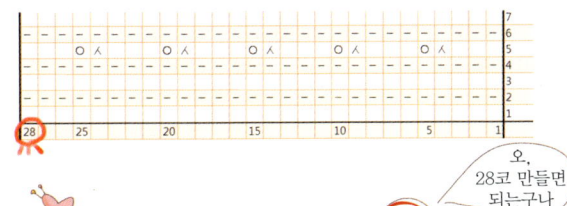

오,
28코 만들면
되는구나

도안의 가로 칸 수가
콧수가 됩니다~

이 부분은 단춧구멍이 될
구멍 무늬 부분이에요~

단춧구멍은
왼코 겹치기와 바늘비우기로
만들거에요~

바늘
비우기

왼코
겹치기

바늘비우기를 하면
이렇게 구멍이 생겨요.
이 구멍을 단춧구멍으로
이용할 거에요~

63

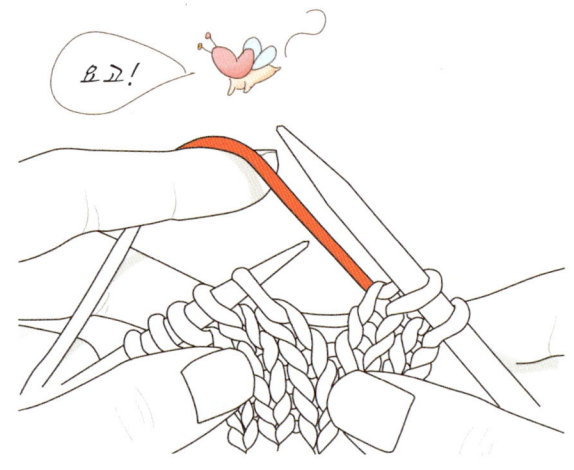

요고!

왼손 검지에 걸친 실을
안뜨기할 때처럼 검지를 살짝 앞으로 당겨
실을 바늘 사이로 하여 앞쪽으로 오게 하세요.

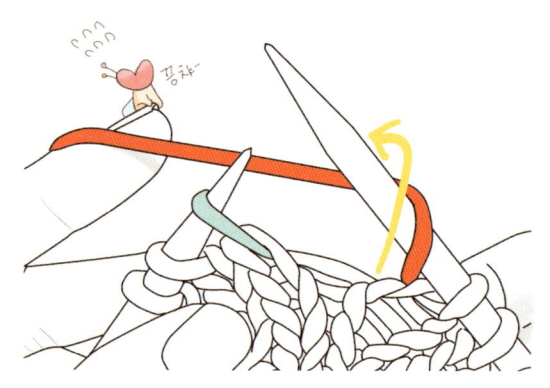

꽁찬

그리고 그 실에 오른쪽 바늘을 걸어
왼손 검지를 슥~ 움직여 실을 뒤로 넘겨주세요.
그러면 그림처럼 오른쪽 바늘에 실이 걸쳐져요^^
이렇게 실을 거는게 바로 '바늘 비우기' 에요~!
그리고 다음 코를 뜨시는데요, 이 상태 그대로
민트색 코에 겉뜨기 하듯 찔러 넣으세요.

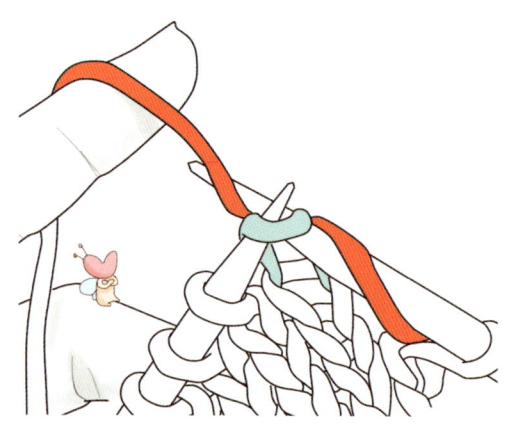

요렇게 요렇게~ 바늘비우기, 겉뜨기를
연속으로 하실 땐 이렇게 하시면 되요^^

바늘비우기로 걸어둔 실이 좀 불편하시겠지만,
신경쓰지마시고 다음 코를 떠버리세요! 그러면~

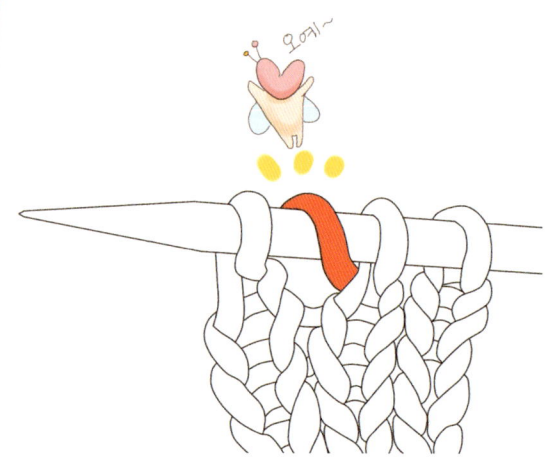

오게~

짠~!! 요렇게 구멍이 만들어져요~!
이 구멍이 '바늘비우기' 로 만든 구멍이에요^^

도안의 1단으로 쭉~
내려가셔서 보시면 되요~

구멍무늬 끝난 후 부터(37단부터)
메리야스뜨기 69단 더 뜨기

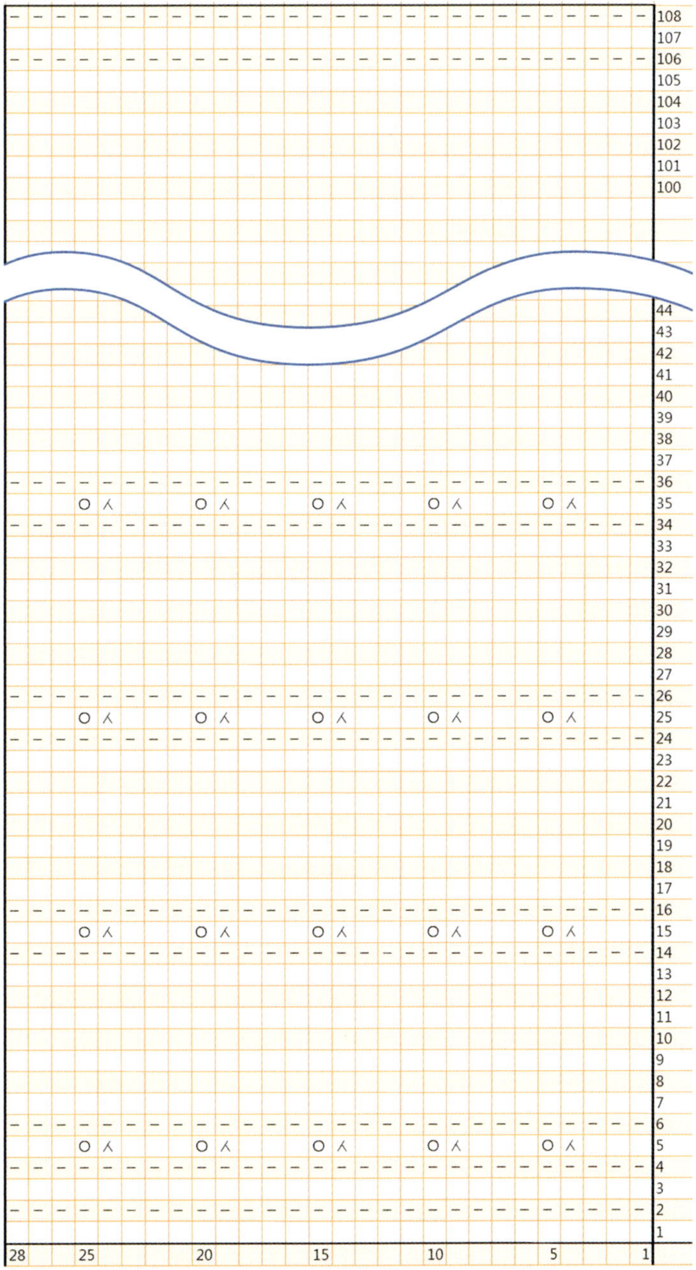

겉뜨기는 □,│ 두 가지
기호 모두 사용 가능합니다.

	겉뜨기
O	바늘비우기
ʌ	왼코 겹치기
- - -	가터뜨기
│ │ │	(모든 단 겉뜨기)

* 뒷면이 될 짝수 단은 오렌지색으로
표시했어요. 오렌지색 칸의 안뜨기
모양은 모두 뒷면에서 겉뜨기로
뜨시면 됩니다.

108
107
106
105
104
103
102
101
100

44
43
42
41
40
39
38
37
36
35
34
33
32
31
30
29
28
27
26
25
24
23
22
21
20
19
18
17
16
15
14
13
12
11
10
9
8
7
6
5
4
3
2
1

28   25   20   15   10   5   1

우와~!
다 떴다!!!!

도안보와 뿅뜰었어!

이제 지름이
17mm 정도의
마음에 드는 단추를
5개 고르시면 됩니다~

전진주색
단추를~

바늘비우기로 생긴
단춧구멍에 원하는
단추를 넣어보세요.
너무 빡빡하게 잘 안들어가거나
쏙!하고 너무 쉽게 빠지면
아니되어요!

끝과 끝이
서로 마주보게
접어서

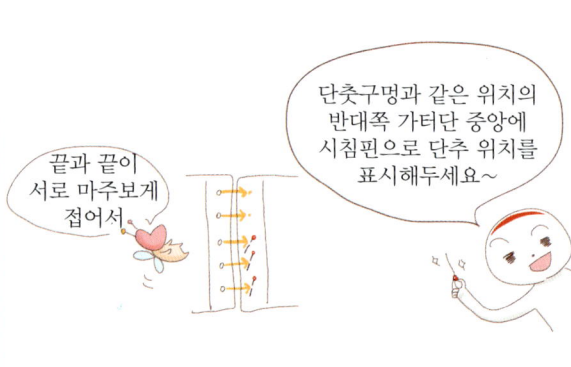

단춧구멍과 같은 위치의
반대쪽 가터단 중앙에
시침핀으로 단추 위치를
표시해두세요~

도안도 보고, 단추도 달고…!
크흑 감격이네요…!

같은 디자인을 '홋쿠라 슬라브' 3볼로 떴어요.

세느강의 아침 안개라는 뜻을 가진 라센느.
정말 아침 안개인듯, 소복히 눈이 내린듯
부드럽고 뽀얀 기모감과 부드러움이
너무 아름다운 실이에요!

같은 콧수로 뜬 두 워머.
더 굵은실 + 굵은 바늘로 뜨면
완성품이 더 커져요!

위쪽의 구멍 무늬들은 장식 효과도 있지만, 바람이 찬날 더 따뜻하게 꼭 여미고 싶을 때 이용할 수도 있어요~

어디 어디~

위오오오~

오늘도 뜨개질 즐거우셨나요? 다음 주엔… 어라? 벌써 2월이면…

벌써?

달콤한 발렌타인데이가 멀지 않았네요!!!

달콩!

초코 들래요?

좋아!! 바늘비우기를 응용해서 선물이 한층 달콤해질 파우치를 만들겠어요!!

행사는 일단 챙겨줘야 제맛!!

68

필요한 재료들

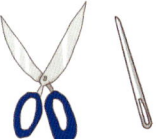

울 느바르릴
(파우치 매는
별로도 충분해요!)

6mm 줄바늘

잘드는 가위와
돗바늘

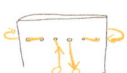

뒷면

양쪽에 대칭이 되는
바늘비우기+왼코 겹치기
구멍을 넣어 머플러처럼
길게 만들고~

반 접어서 양쪽 끝을
꿰매고 겉면이 나오게
뒤집어 준 후~

구멍에 끈을 끼워주면
OK!!

~짜잔 도안공개~

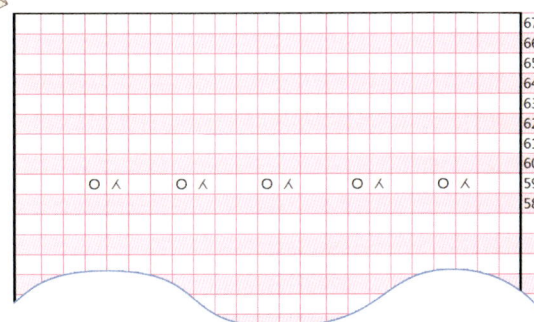

9단 구멍무늬 이후로
10단부터 58단까지
메리야스뜨기

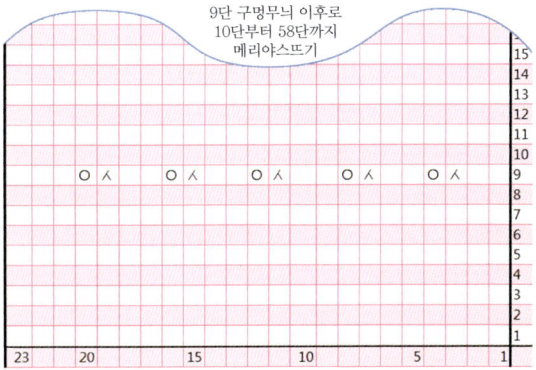

☐ 겉뜨기   ◯ 바늘비우기   ⋏ 왼코 겹치기

위아래의
구멍 무늬가
파우치의 끈이나 리본을
끼울 자리가 되요~

파우치를 꿰매어
다 만드셨다면 끈을 달아줄
차례네요~
발렌타인이니 하트 방울을
달아볼래요~!

뜨개노트 3장의
털실 방울만들기를
참고하셔서
실을 감아주세요.

깔끔하게 다듬은
방울을 점선처럼
하트 모양으로
잘라주세요.

하트 모양 방울
완성!

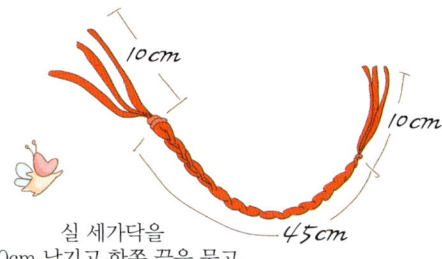

실 세가닥을
10cm 남기고 한쪽 끝을 묶고
쭉 땋아주세요.
45cm가 되면 끝을
묶어서 마무리 해주세요.

땋지 않은 끝부분을
돗바늘에 끼우고
먼저 파우치의 구멍을
통과시켜 끼워주세요.

쭉~ 둘러서
통과시켜 주세요.
아직 끈에서 바늘은
빼지마시구요~

70

하트 방울과 끈을 이어줄 거에요~
털실 방울을 만들 때 중앙을 묶었던 실이
이렇게 방울 가운데에 고리 형태로 자리잡고 있어요.

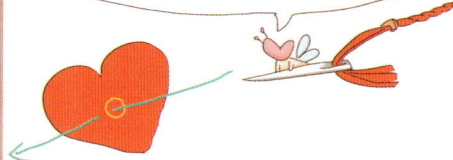

그 중앙의 고리 사이로
바늘을 통과시켜 주세요!
자신있게 푹!!!

푹

끼운 끈을 타이트하게
꽉 당겨서 2번 정도
묶어주세요.

지저분하게 묶고 남은 실
세 가닥은 가위로 깔끔하게
잘라주세요~

반대쪽도 같은 방법으로 하트 방울을 달아주세요!

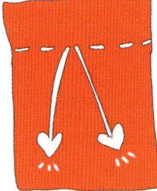

이제 달콤이들을 잔뜩 담고 끈을 조여 묶어주면!!

초콜릿가득!!

가냐핫 호로♡

달콤파우치 완성!!!

꺄~ 초코가득!

얌냠~ 뜨개와 함께 달콤하게 보낼 수 있다니, 뜨개질 너무 좋아요~ 여러분도 렛츠 스윗뜨개~

초쿄가 좋은거겠지!!

Chapter.05

나비를 닮은 여러가지색 사각 숄

코줍기, 줄무늬 배색하는 법

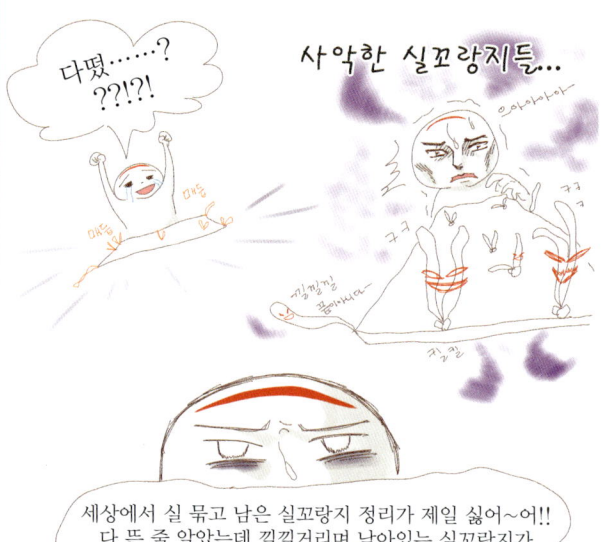

~예정된 미래~

다떴……?
??!?!

사악한 실꼬랑지들...

으아아아아아

세상에서 실 묶고 남은 실꼬랑지 정리가 제일 싫어~어!!
다 뜬 줄 알았는데 낄낄거리며 남아있는 실꼬랑지가
제일 무섭다고!!!

흠~~
그러면 배색할때
실꼬리를 최소화하는 법을
알려줄게!

헐띠용!!
진작 알려주지!!

너무 과장한 것 같은데:;

아님.

줄무늬는 이런식으로
짝수 단으로 나눠줘야
뜰 때 편해요!

8단
6단
8단
6단
8단

76

뜨개질 진행 방향이 왼쪽으로 갔다가 오른쪽으로 돌아오는 구조라서, 색이 바뀔 때엔 단수를 짝수로 설정하셔야 실을 안자르고 단을 타고 오르게 할 수 있어요.

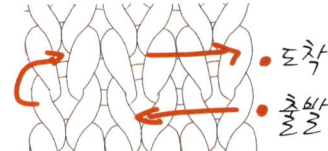

도착
출발

타고 올라가?

원숭이 나무에 몰라가~

옹께~

몽키몽키패직 몽키패직

다른색으로 뜨고 싶을 때는요,

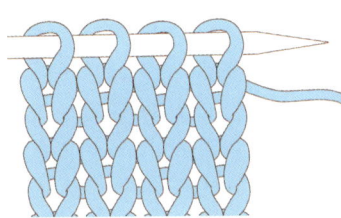

첫코 가까이에 새 실을 묶어 연결해 주고, 새 실로 뜨시면 됩니다.

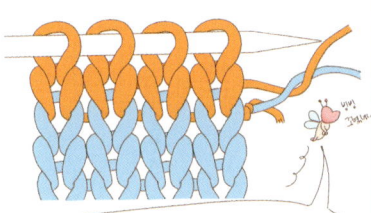

새 실로 2단 뜨고 나면 원래 뜨던 색상(하늘색)의 실과 새로운 색상(주황색)의 실을 서로 꼬아준 후 주황색으로 2단 더 뜨세요.

77

매번 2단 뜨고 겉뜨기할 차례가
올 때마다 두 색상의 실을 꼬아주면
밑의 색상(하늘색)이 뜨개질한 편물을
쭉~ 타고 올라간답니다.

← 이런식으로 검은실로
뜨지 않을 때에도
검은실이 편물을
쭉~ 타고 올라가요

오~ 콧수가 많아서 지겨울 것 같았는데,
색이 바뀌니까 즐거워~

다음 컬러로
바뀔 때가
기대돼~

가능한한
많은 색 쓰기~

무지개?!

좋아!
그렇다면 칙칙한 겨울 옷을 살려줄
화사한 걸 만들어 볼래!

따뜻하게 막 두를 수도 있고,

왠지 가냘픈 느낌으로
살포시 둘러도 보고~

* 어깨가 드러나면 가냘픈
기분이 듭니다.

아무리 상상이라지만
저건 좀 곤란하지!!

저처럼 무릎이 추워서
고생이신 분들은 무릎 담요처럼
사용하실 수도 있답니다~!

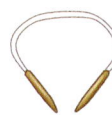

사샤7볼
검정 3볼,
(빨강,주황,파랑,진한파랑각 1볼)

6mm 줄바늘

25~30mm
단추 4개

완성하면
이 정도 사이즈에요~
어깨를 포근히 감싸준답니다!

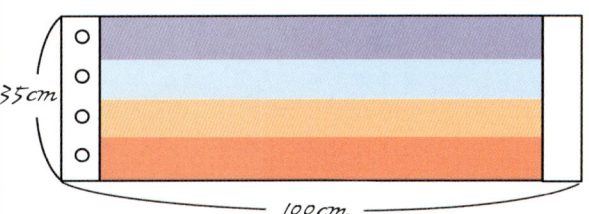

35cm

100cm

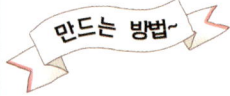

가터뜨기 6단 (검정)		
메리야스뜨기 컬러D (진한파랑)	8단	
	메리야스뜨기 검정 2 단	
메리야스뜨기 컬러C (파랑)	8단	
	메리야스뜨기 검정 2 단	
메리야스뜨기 컬러B (주황)	8단	
	메리야스뜨기 검정 2 단	
메리야스뜨기 컬러A (빨강)	8단	
가터뜨기 6단 (기본 컬러:검정)		

110코

1. 검정실을 길게 빼서 110코를 잡으세요.
2. 검정실로 가터뜨기 6단을 뜨세요.
3. 빨강실을 연결해서 메리야스뜨기로 8단을 뜨세요.
   뜨는 동안 2단마다 기본 컬러인 검정실과 컬러 A를
   꼬아서 검정실이 잘 타고 올라갈 수 있도록 해 주세요.
4. 타고 올라간 검정실로 메리야스뜨기 2단을 뜨세요.
5. 컬러 B를 연결하여 계속 반복하여 주세요. ^^

컬러 B
연결

컬러 A
연결

컬러실은 매번 새로 연결하시되,
검정실은 끊지 않고 컬러실을 계속 타고
올라가요. 처음의 검정실은 한번도
끊지 않고 계속 사용할 거에요.

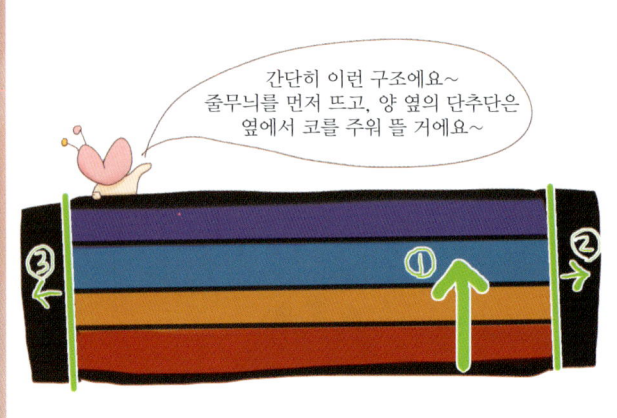

간단히 이런 구조에요~
줄무늬를 먼저 뜨고, 양 옆의 단추단은
옆에서 코를 주워 뜰 거에요~

줄무늬 부분을 다 뜨셨다면
단추달 곳을 만들거예요~
양쪽에서 코를 주워서 만든답니다.

엥?
코를 주워?

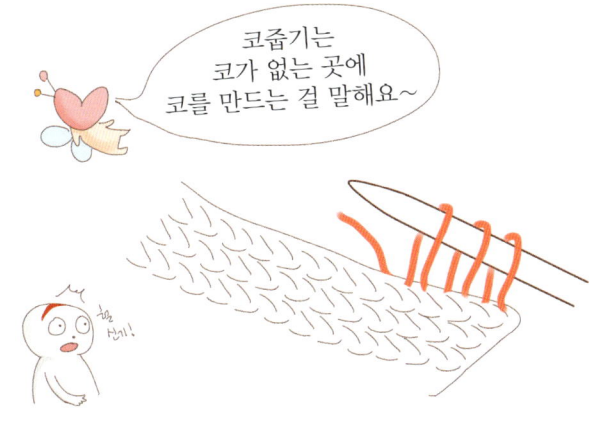

코줍기는
코가 없는 곳에
코를 만드는 걸 말해요~

<관 줍는 방법>

세로 변에서
코를 주을거예요~

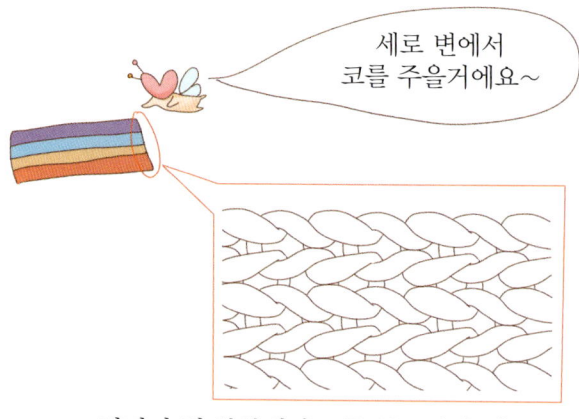

* 겉면이 될 부분에서 코를 주으셔야 해요!
(메리야스뜨기의 겉뜨기 코가 보이도록 하고
코줍기를 하셔요.)

코와 코 사이의
공간에 바늘을 넣어
코를 주을거예요.

요기!

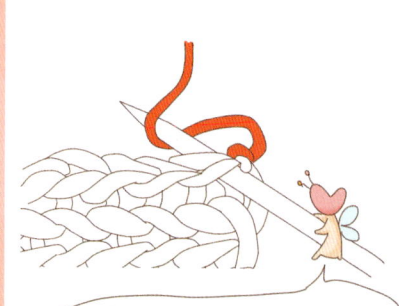

새 실을 끝에 묶어 연결한 후
바늘을 코와 코 사이에 찔러넣어
겉뜨기하듯 새 실을 바늘에
걸어 빼내세요.

한 코
주웠당~!

같은 방법으로
겉뜨기하듯 코를
주워나가면 되는데요,

3단 연속 코를 줍고, 한 단은
건너뛰는 식으로 코를 주으셔야 해요~
모든 단에서 코를 주으시면
코주워 뜬 부분이 넓게 벌어져요!

모든 단에서 코를 주으면
이렇게 헤벌레~해져요;;

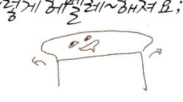

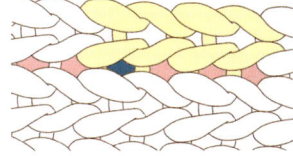

4단 중에 3코는 줍고 한 코는 건너뛰는 식으로
코를 주워주세요.
그러면 총 43코가 될거에요.
단춧구멍을 만들지 않는 쪽은 콧수에 딱히
구애받지 않으셔도 되요!

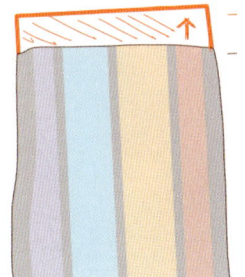

다른 한쪽은 단춧구멍을 내줄거에요~
옆쪽의 표 도안을 참고하셔서 2번째 단에서
단춧구멍을 만들어주세요.

다 뜨셨으면 뜨개노트 4장을 참고하셔서
단춧구멍 없는 쪽에 단추를 달아주세요~!

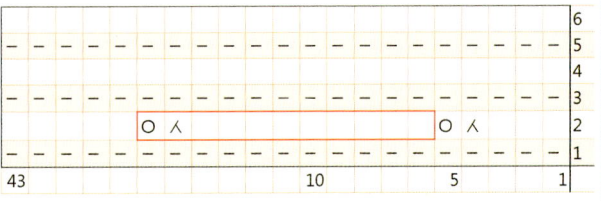

단춧구멍은 처음 5코(겉3, 왼코 겹치기,바늘비우기)
한 후 빨간 네모를 3회 반복해 주세요.
그 후 위의 도안처럼 남은 5코를
겉뜨기하시면 됩니다.

똑같은 패턴이 반복될 때에는
도안 속에 이렇게 빨간 네모로 반복되는
부분을 표시해 두어요.

까요 완성!!!

콧수 완전
압박이었어~!

살짝 톤다운된
사샤의 색감 덕에
나비같은 색상이
되었어요!

좀
가냘퍼 보여?

무서하자...

풀썩

여러 가지 컬러로
뜨개질 즐거우셨나요?
저는 새로운 색상을 써보고픈 마음에
더 설레고 덜 지루했어요

빙대~

다음 장에서는
하트 가득한 발렌타인 이야기를
해볼까합니다~

다음 장에서 만나요
뜨개뜨개~

Chapter.06

Be My Love 하트 쿠션

코늘리기, 나누어 뜨기 하는 법

발렌타인데이!!!!

그럼, 가볼까!

사실,
몇 년째 발렌타인을
챙길 일이 없었어요!

그래서
요 몇 년간은 발렌타인데이에
친구들과 곱창을 먹고 있습니다!!!!

으엑; 슈에이
너무 고기냄새난다
발렌타인인데..

지난번에 분명
하트 가득한 발렌타인이라고
했었자나!
고기냄새는 로맨틱하지
않다구!!

사랑 이야기나 로맨틱한 이야기를
한다고는 안했었어!!
그저 하트 모티브가 많을 뿐이란다!!

그런고로…
언제나 하트 가득
가슴에 품을 수 있는
하트 쿠션, 어때요?

슈퍼 베이비비론 4볼
(색상 : 08 딥핑크)

6mm 줄바늘

돗바늘

쿠션을 빵빵히
채워줄 솜~

솜 450g

아~~
너무너무 부드럽고 포근해요~!
저는 베베사가 이렇게 부드러운 줄
몰랐었어요!!

나두 해볼래~

42 cm

48 cm

딱 눕기 좋은
크기에요!

베고자도
얼굴에 자국이 안날것
같아서 넘 좋아요
음냐~

ㅋㅋ

90

만드는 방법~

하트를 밑바닥에서부터
코를 늘려가며 뜰거에요.

각각 한쪽씩
나누어서 뜬답니다.

똑같은 하트 두 장을 떠서
꿰메어 솜을 넣어줄거에요.

이 뚫린 부분으로
솜을 넣어줄거에요~
꿰매실 때 꼭 솜 넣을 부분을
남겨주세요~

꿰맨 부분이 보이지 않게
뒤집으신 후, 솜을 채워주세요~

꾹꾹~

솜 넣고 난 구멍을
꿰매어 주시면~

완성~~~~~엉!

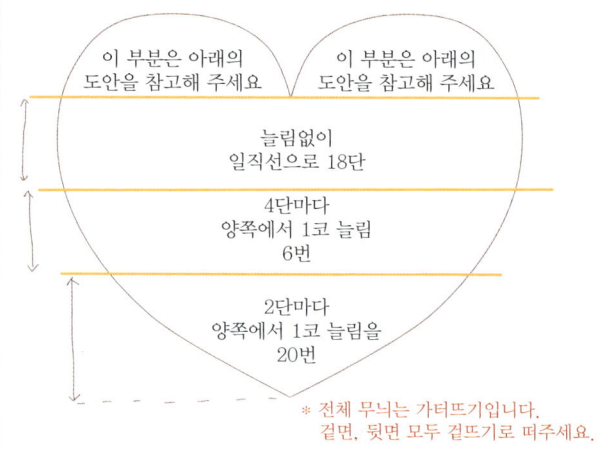

이 부분은 아래의
도안을 참고해 주세요

이 부분은 아래의
도안을 참고해 주세요

늘림없이
일직선으로 18단

4단마다
양쪽에서 1코 늘림
6번

2단마다
양쪽에서 1코 늘림을
20번

※ 전체 무늬는 가터뜨기입니다.
겉면, 뒷면 모두 겉뜨기로 떠주세요.

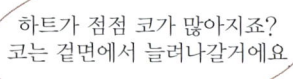

하트가 점점 코가 많아지죠?
코는 겉면에서 늘려나갈거에요

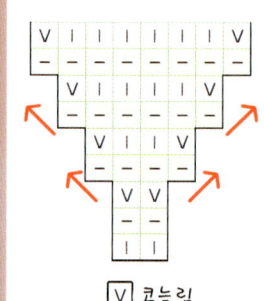

☑ 코늘림

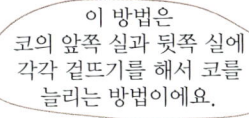

〈 코늘림 하는법 〉

이 방법은 코의 앞쪽 실과 뒷쪽 실에 각각 겉뜨기를 해서 코를 늘리는 방법이에요.

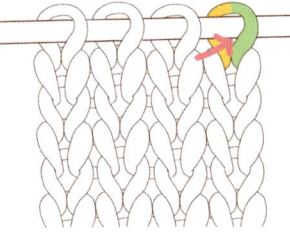

연두색 : 앞쪽 실
노란색 : 뒷쪽 실

겉뜨기로 한 코 뜨시는데요, 뜨고 나서 왼쪽 바늘의 코를 빼시면 아니되어요~!
코를 빼지 말고 걸려있는 채로 뒷쪽 실에 또 겉뜨기를 할거예요.

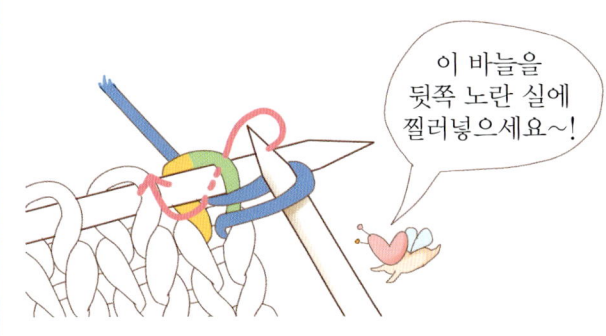

이 바늘을 뒷쪽 노란 실에 찔러넣으세요~!

오른쪽 바늘을 왼쪽 바늘의 뒤로 가져가서 노란색인 뒷쪽실에 찔러 넣어주세요.

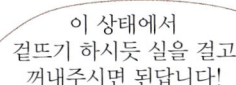

이 상태에서 겉뜨기 하시듯 실을 걸고 꺼내주시면 된답니다!

이 상태에서 겉뜨기 하시듯 파란 실을 오른쪽 바늘에 걸어 빼주시면 됩니다.

짠~

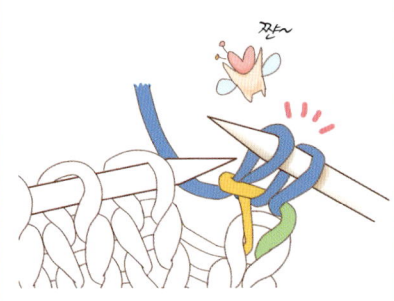

왼쪽 바늘에 걸려있던 코도 빼주시면 완성~!

한 코가 두 코로 늘어났어요!

막상 해보니까 별거 아닌 것 같은데, 말이 너무 어렵잖아!!

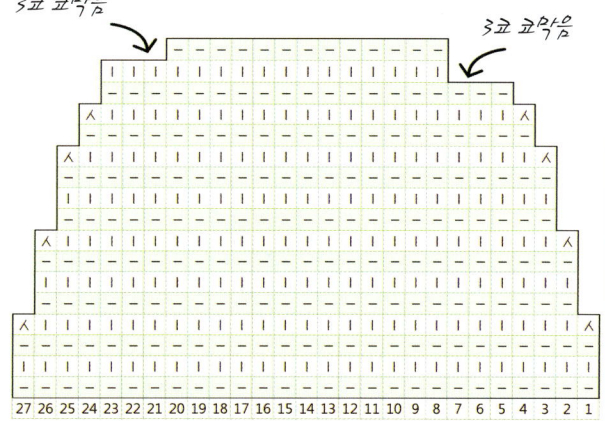

⋏ 왼쪽 겹치기(2코 한꺼번에 겉뜨기)

하트의 둥근 부분 한 쪽의 도안이에요.
(가터뜨기이기 때문에 짝수 단인 컬러 부분 단이
안뜨기로 표시되어 있습니다. 겉면과 안쪽면 모두
겉뜨기로 뜨시면 된답니다~)

흠~~ 그런데,
이 쿠션을 만들 때
4볼째 실은 정말 조금 사용해요.
그래서 거의 한볼이 그대로 남더라구요…

진짜네!

남은 실로는
작은 하트를 만들었어요!
컵받침으로 혹은 장식용
소품으로 딱이에요

딱
내사이즈야!

〈작은 하트 도안〉

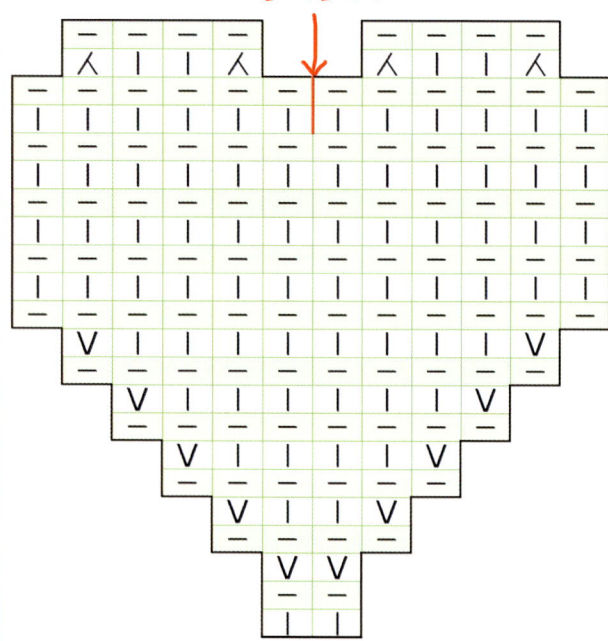

갈라지는 위치

V	코늘림
人	왼코 겹치기

96

눕기좋은 푸짐한
사이즈예요

이제 일 년 내내
하트 가득한
기분이라구!

의기양양

그걸로 만족?!

슈에이식
하트가득 발렌타인데이.
어떠셨나요?

좀 슬픈 기분이
들지만 나름
재밌었어~

하트 가득한
즐겁고 달콤한 발렌타인데이
보내세요~~

Chapter.07

꽈배기 무늬의 헤어밴드

꽈배기 무늬 뜨는 법

아~~
누가 이렇게 멋진
무늬를 만들었던가~~

그거 알아?
옛날 아일랜드에서는
어부들이 많이 입었대~
그래서 fishermen's sweater
라는 별명도 있어.

오~
옷 좀 입을 줄 아는
패셔니 어부들이군!

그들에게는
가문을 상징하는
집안 고유의 무늬가
있는데 그걸 꽈배기
무늬로 표현했어.

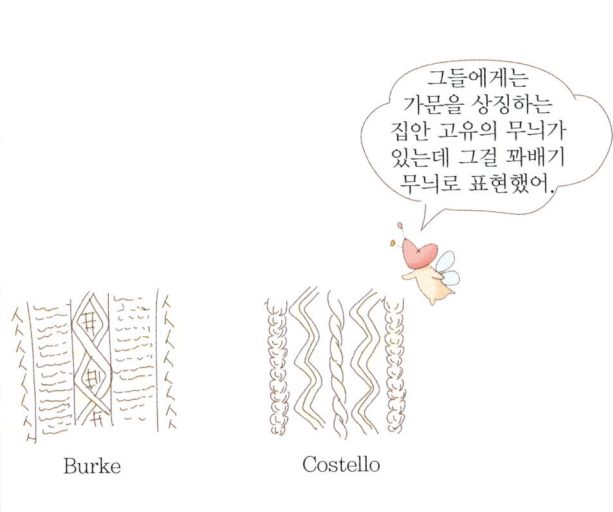

Burke

Costello

험하고 추운 바다에
나간 남편, 아들들을 위해
집에 남겨진 여자들은
가문의 무늬가 담긴
스웨터를 떴어.

로...로맨틱이
멈추지 않아!!

이렇게
가문의 문양이 담긴
스웨터를 뜨는 이유는,
천연 양털 기름과 촘촘한 무늬가
찬바람과 바닷물로부터
보호해주기 때문이기도
하지만,

우와
천연양털
기름?!

바다에 빠졌을 때,
옷만으로도 신원 확인을 가능케 하기 위함이었대…..!!

ㅋㅋ

히익!!

허여기익

낄낄
굴케
놀래쩨요?

어아~

히기

아—으
어떻게든 정신을 차린
슈에이예요.

그렇게나
충격일 줄은::

로맨틱하기만한줄
알았던 꽈배기무늬가...

뭐…
좀 꺼림직… 아니
슬픈 이유가 있긴 해도
꽈배기 무늬는 멋져요.

맞아
맞아

좋아!!
꽈배기 무늬 도저—언!

두 줄 꽈배기 무늬와 단추 여밈이
내츄럴한 느낌을 주는 헤어밴드에요.

필요한 재료들

빅볼 메란지 1볼
(01 화이트)

5mm 줄바늘

꽈배기 바늘

20mm 단추 3개

만드는 방법~

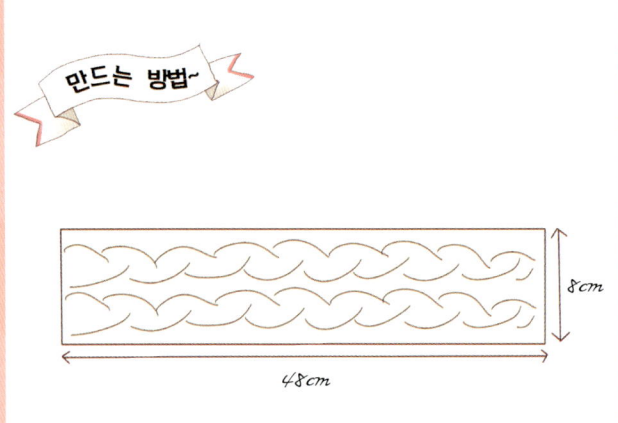

8cm

48cm

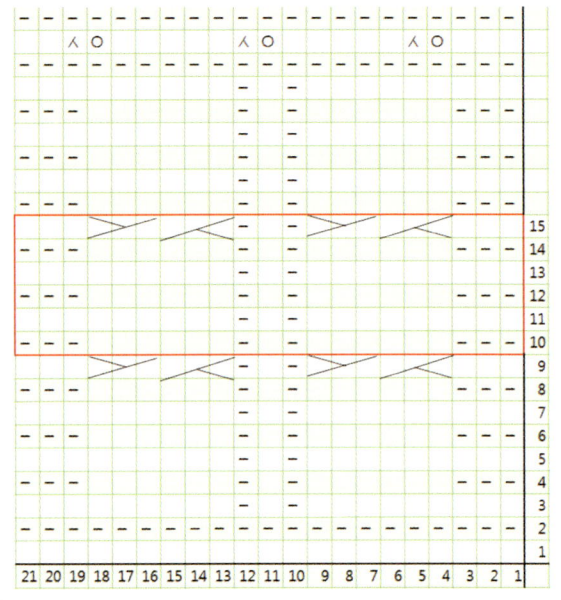

| | 21 | 20 | 19 | 18 | 17 | 16 | 15 | 14 | 13 | 12 | 11 | 10 | 9 | 8 | 7 | 6 | 5 | 4 | 3 | 2 | 1 | |

□ 겉뜨기

- 안뜨기

○ 바늘비우기

人 왼코 겹치기(2코 한꺼번에 겉뜨기)

- - - 가터뜨기(모든단 겉뜨기로)

✕ ✕ 꽈배기 무늬

1. 21코를 잡으세요.
2. 2단은 가터뜨기로 뜨세요(겉단, 안단 모두 겉뜨기로).
3. 양끝의 3코는 가터뜨기로 뜹니다.
4. 9단까지 도안대로 뜨세요. 윗부분의 꽈배기 무늬들은
   도안의 빨간 상자가 반복되어 만들어질 거에요.
   빨간상자(반복무늬): 5단을 메리야스뜨기로(겉면은
   겉뜨기, 뒷면은 안뜨기) 뜨고 6번째 겉면에서
   꽈배기를 해주세요. 이런 꽈배기 무늬를 총 13회
   반복한 후, 도안에서 빨간 상자 윗부분을 차례로
   떠올라가시면 됩니다.

104

이건
꽈배기를 뜰 때에
도움이 되는
꽈배기 바늘이야

꽈배기 바늘

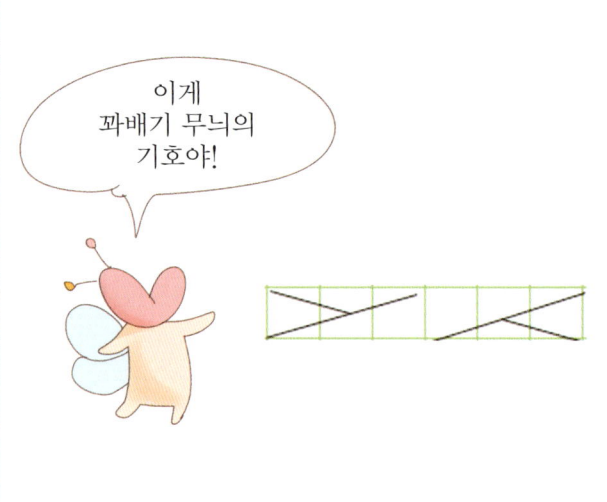

이게
꽈배기 무늬의
기호야!

꽈배기의 모양을
그림으로
표현한 거야.

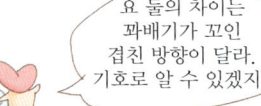

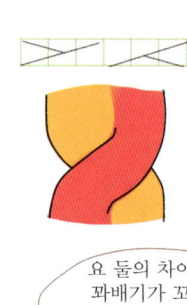 VS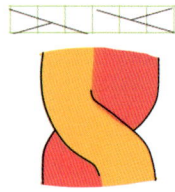

요 둘의 차이는
꽈배기가 꼬인
겹친 방향이 달라.
기호로 알 수 있겠지?

호오~

＜ 꽈배기 뜨는 법 ＞

이제 꽈배기 바늘이 활약할 차례에요!

잘 부탁합니다~

꽈배기 바늘로 첫 3코를 옮겨 두고 꽈배기 바늘을 뒤쪽에 두세요. 그리고 다음 3코를 각각 겉뜨기 해주세요.

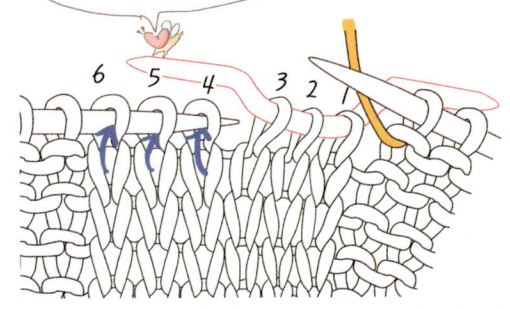

앞쪽으로 나와있는 코를 먼저 떠주어야 합니다. 꽈배기 바늘에 1, 2, 3번째 코를 옮겨 걸어주고 뜨개거리와 바늘 뒤쪽에 오도록 놓아주세요. 그리고 꽈배기에서 위쪽으로 올라오게 될 코인 4, 5, 6번째 코를 먼저 겉뜨기 해 주세요. 4번째 코부터 차례 차례…

4, 5, 6번째 코를 겉뜨기 하셨으면 꽈배기 바늘에 걸려있는 1, 2, 3번째 코를 겉뜨기 하세요. 조금 빡빡할 수도 있어요.

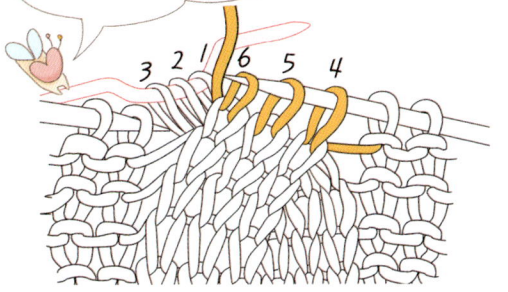

4, 5, 6번째 코를 겉뜨기로 뜨셨으면 꽈배기 바늘을 뜨기 편하도록 당겨주세요. 그리고 1, 2, 3번째 코를 겉뜨기 해주시면 됩니다. 1번째 코부터 차례차례…!

짠~

코가 이쁘게 꼬였어요~~!

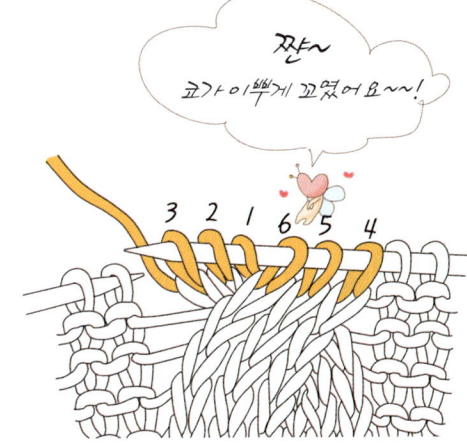

기호처럼 4, 5, 6번째 코가 위로 올라와 있는 모양이 되었어요~!
꽈배기 무늬 한 번 완성~!

109

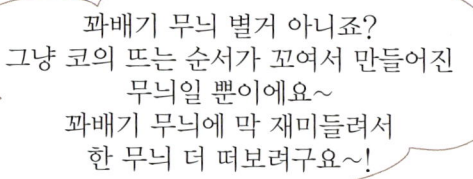

꽈배기 무늬 별거 아니죠?
그냥 코의 뜨는 순서가 꼬여서 만들어진
무늬일 뿐이에요~
꽈배기 무늬에 막 재미들려서
한 무늬 더 떠보려구요~!

저...절대 실이 많이 남아서 도안을
추가하는게 아....아니에요....!

목도리~~

꽈배기 무늬 재미있으셨나요?
요 무늬를 길~~게 뜨면
꽈배기 목도리로 만드실 수 있어요~

다음 장에서는
여성스러운 아이템인
삼각숄을 떠볼거에요♡

히익~
그 누구냐!

다음 장에서도
함께 뜨개 놀이해요~
뜨개뜨개~

뜨개
뜨개

꽈배기 삼각숄

콧수링 사용법, 태슬(술장식) 만들기

113

숄 하니까 생각났는데요, 저희 엄마는 제가 숄을 선물해드리면 아깝다면서 꽁꽁 숨겨두세요.

정성들여 뜬거라 아깝다고 생각 하시나봐

오늘 춥대요

엄마

그러던 어느 추운날, 엄마 등에 숄을 둘러드렸더니 너무 따뜻하다면서 좋아하시더라구요~

엄마 숄은 안쓰시고 제 숄을 다가져가셔서 숄 서랍이 텅 비었어요

텅텅!

텅 텅—

뿌듯하면서도 당황스러운 복잡한 기분 ㅋ

엄마가 빼매 간다

엄마 드릴(?) 숄도 마련하고 숄 서랍도 채울 겸 삼각숄을 떠보려고 해요.

음~ㅋ

아직은 추우니 촘촘한 무늬로요~

빈센트 리치(8p)
2볼
색상 : 6656 베이지

4.5mm
줄바늘

꽈배기 바늘

콧수링 36개

가위

돗바늘
(있으면 편해요!)

만드는 방법~

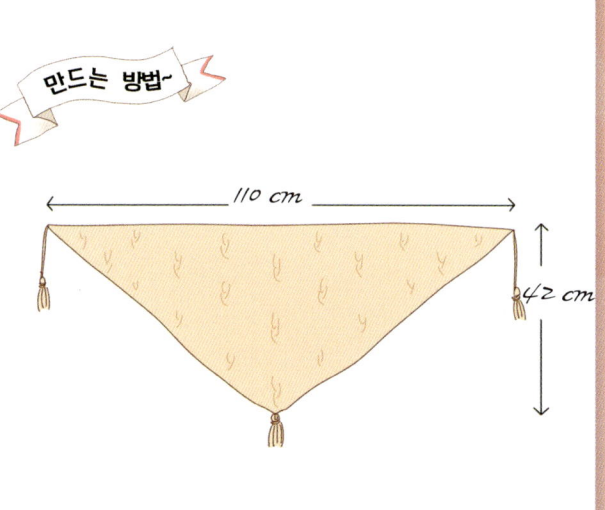

110 cm

42 cm

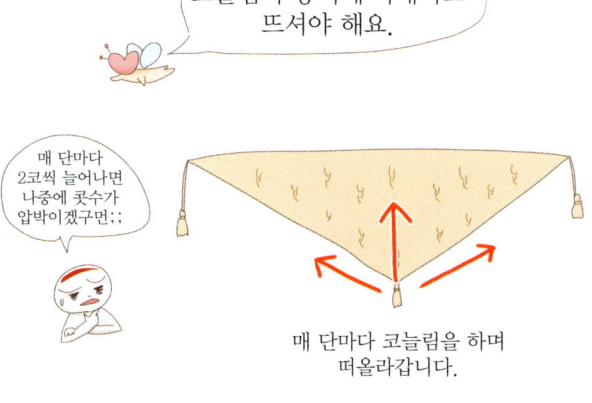

이번 숄은
코늘림과 동시에 꽈배기도
뜨셔야 해요.

매 단마다
2코씩 늘어나면
나중에 콧수가
압박이 겠구먼;;

매 단마다 코늘림을 하며
떠올라갑니다.

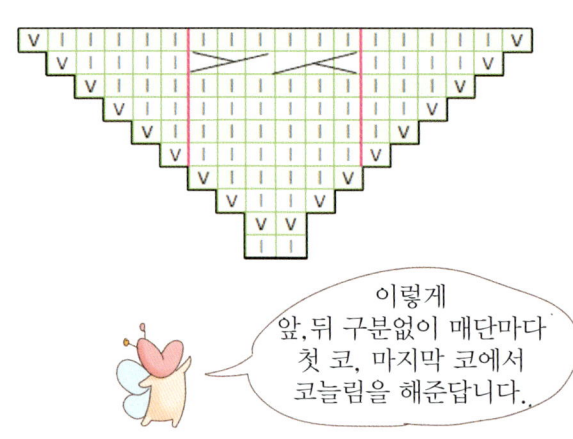

이렇게
앞, 뒤 구분없이 매단마다
첫 코, 마지막 코에서
코늘림을 해준답니다.

코늘림은
뜨개노트 6장을
참고해 주세요!

매 단마다
코늘림하시면서
왼쪽의 반복되는
꽈배기 무늬를
떠주시면
된답니다.

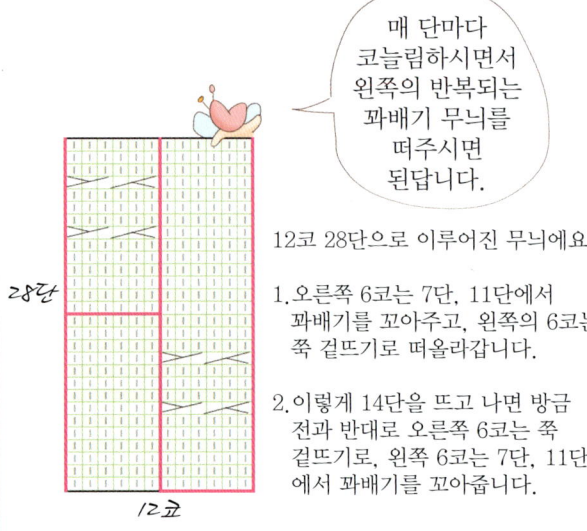

28단

12코

12코 28단으로 이루어진 무늬예요.

1. 오른쪽 6코는 7단, 11단에서
   꽈배기를 꼬아주고, 왼쪽의 6코는
   쭉 겉뜨기로 떠올라갑니다.

2. 이렇게 14단을 뜨고 나면 방금
   전과 반대로 오른쪽 6코는 쭉
   겉뜨기로, 왼쪽 6코는 7단, 11단
   에서 꽈배기를 꼬아줍니다.

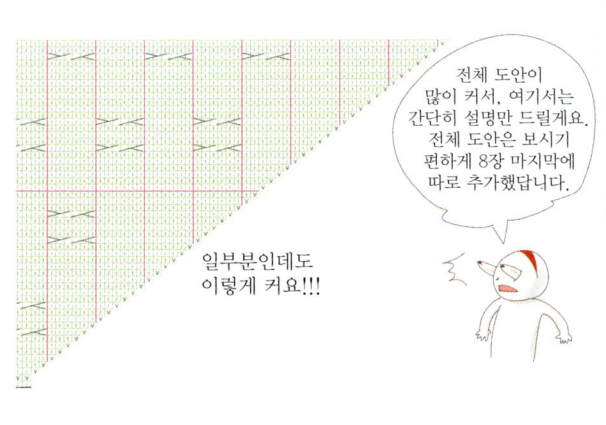

일부분인데도
이렇게 커요!!!

전체 도안이
많이 커서, 여기서는
간단히 설명만 드릴게요.
전체 도안은 보시기
편하게 8장 마지막에
따로 추가했습니다.

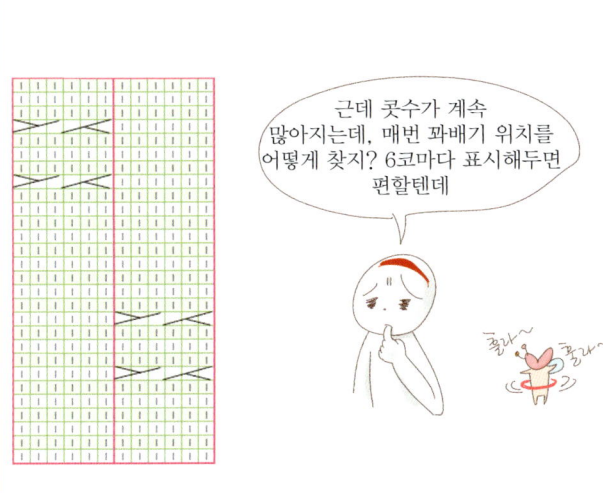

근데 콧수가 계속 많아지는데, 매번 꽈배기 위치를 어떻게 찾지? 6코마다 표시해두면 편할텐데

그때 필요한 것이 바로!

잠시만...

바로 이 콧수링이야!!

엥? 이렇게 다막힌 링을 어떻게 써?? 코에 어떻게 끼우라는거야?

상상조차안된다;

〈 콧수링 사용 방법 〉

뜨다가 특정 위치를
표시하고 싶으실 때에는
콧수링을 사용하시면 된답니다.

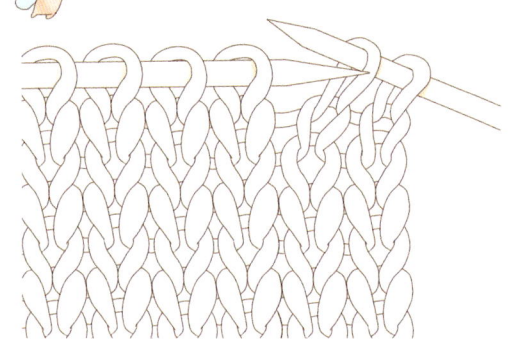

표시하고싶은 구간에서
바늘에 링을 끼워주세요.
도안의 핑크색 구분선
역할을 해줄거에요.

한단 다 뜨시면
이런 상황일거에요!

두개 끼웠어용

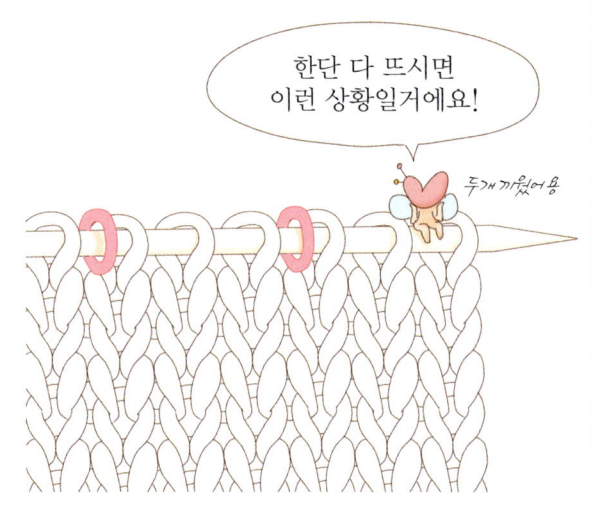

다음 단을
뜨다가 콧수링을 만나도
당황하지 마세요

전 엄청
당황했어요! 어떻게
쓰는지 상상도
못하겠더라구요.

아이
뿌뜨~

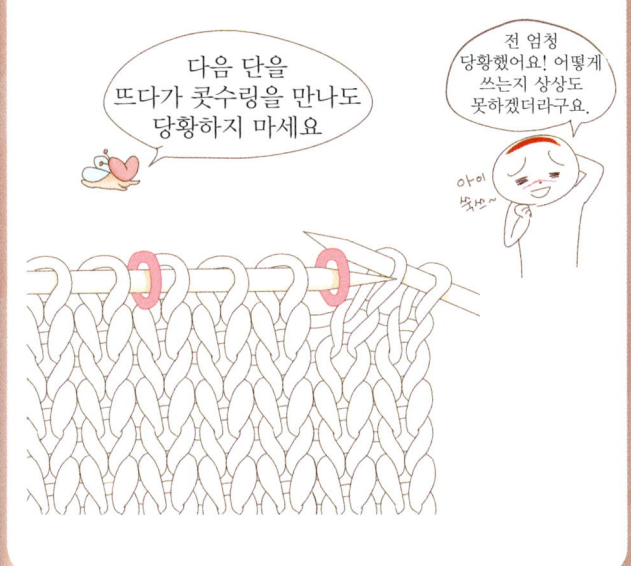

그냥 요렇게,
콧수링을 오른쪽 바늘로
옮기시고 마저 뜨시면
된답니다.

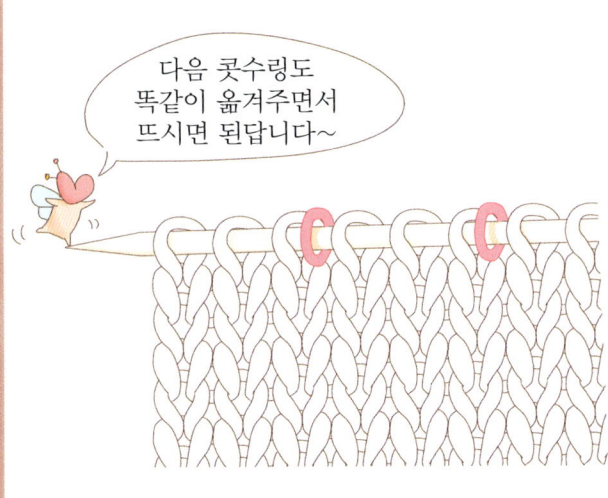

다음 콧수링도
똑같이 옮겨주면서
뜨시면 된답니다~

* 콧수링이 없으시다면 클립을 이용하셔도 된답니다!
  굵은 바늘에는 클립을 구부려서 둥글게 만들어
  사용하실 수 있어요.
  링이 너무 굵거나 두껍지 않고 바늘에 끼울 수만
  있다면 무엇이든 콧수링으로 사용이 가능합니다!

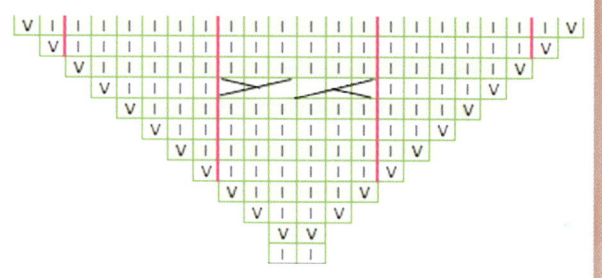

코가 늘어나서
10코쯤 되었을 때부터 콧수링을
끼워두기 시작하시면
편하실거에요~

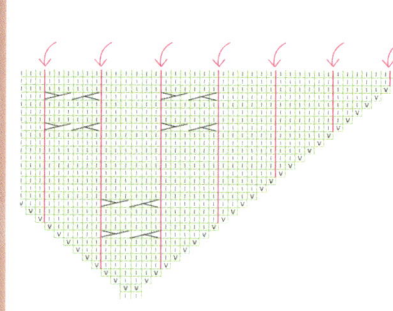

도안에서
핑크색 줄로 표시된
부분마다(6코마다)
콧수링을 끼우시면
편하답니다.

다 떴어!!!
오.예-
깨비기뜨느라
힘들었어!!

이대로 둘러도 좋지만,
포인트로 태슬(술장식)을
만들어줄 거에요~
태슬은 있어보이니까요!!
있어
보이나?

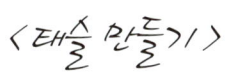

〈태슬 만들기〉

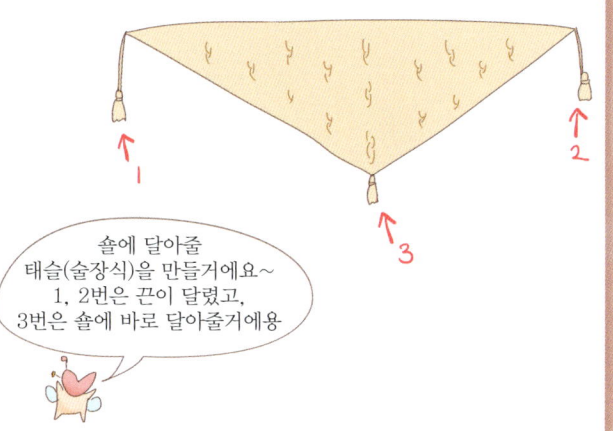

술에 달아줄
태슬(술장식)을 만들거에요~
1, 2번은 끈이 달렸고,
3번은 술에 바로 달아줄거에용

저는 태슬을 보면
왠지 고급스럽고 이국적이라는
느낌을 받는답니다!

커텐 장식?

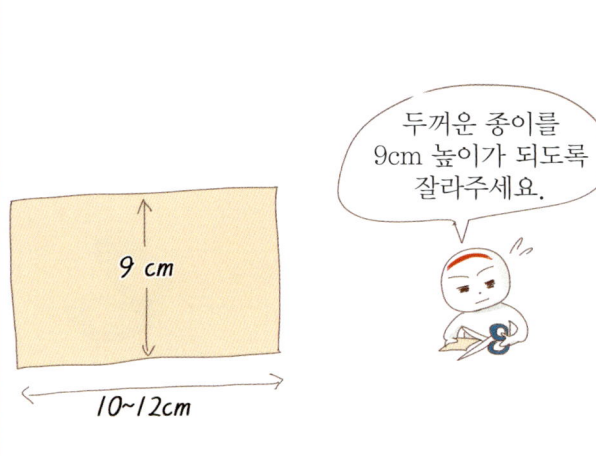

9 cm

10~12cm

두꺼운 종이를
9cm 높이가 되도록
잘라주세요.

종이에 실을
많이 감아주세요!

너무 세게
꽉당겨
감지마세요

121

실 세 가닥을
35cm씩 잘라서
겹쳐주세요.

세 가닥의 실을
그림의 노란선처럼
감아놓은 실 한쪽 끝에
통과시켜주세요.

돗바늘을
쓰시면 편해요

풀리지 않게
탄탄히 2번 꽉묶어
매듭지어 주세요.

묶은 실을
2가닥씩 나눠서
머리땋듯이 땋아주세요.
17cm 길이로 땋아주세요.

아래쪽 실을
잘라주세요.

같은 실을 한가닥
더 잘라서 태슬 머리 쪽에
한번 꽉 묶어주세요.
그리고나서,

요 실은
30~40cm 정도로
길게 잘라주세요

한가닥은 아래로
내리고, 다른 가닥을
그 위에 빙빙 3~4번
감아주세요.

그리고 2번
묶어 매듭지어
주고 가위로
잘라주세요.

똑같이
1개 더 만들어
주세요~

태슬 1개는
감아놓은 실을 묶을 때
1가닥의 실로
묶어주세요.

태슬 1, 2는 끈을
땋아주기 위해 3가닥씩 묶었는데, 숄에
바로 연결할 태슬3은 숄에 연결하기
편하게 한 가닥으로 묶는답니다.

이제
숄에 태슬을 연결
해주면 완성이에요~!

목에 둘둘 말았을 때에
태슬 달린 리본끈으로
고정시킬 수 있답니다.
장식 효과도 나요 ^^

〈 8장 꽈배기 삼각숄 전체 차트 〉

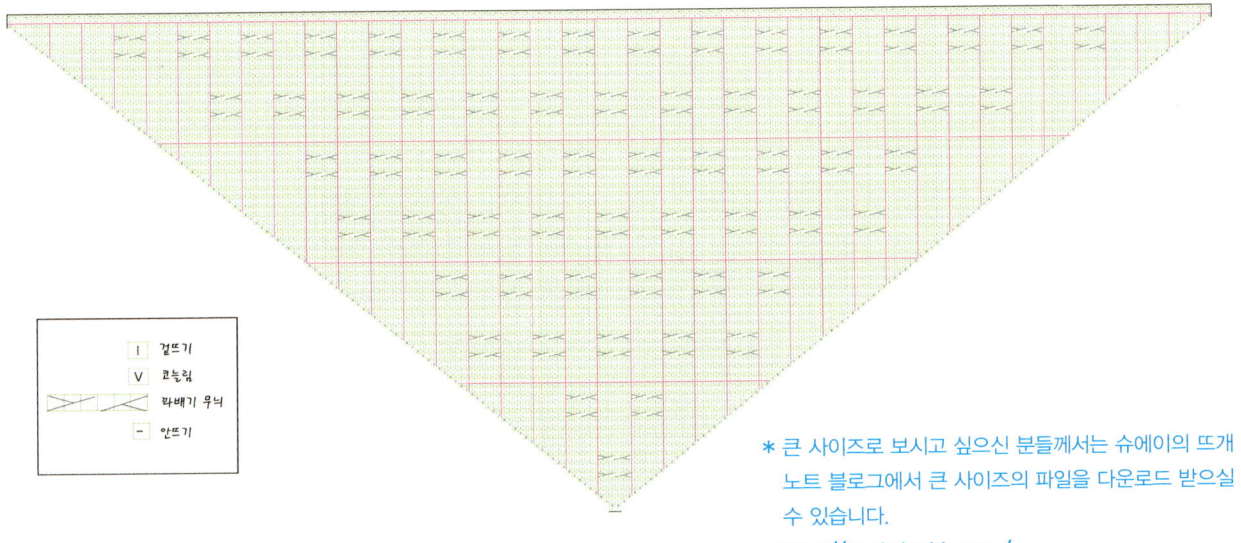

Ⅰ	겉뜨기
V	코늘림
⟨⟩	꽈배기 무늬
−	안뜨기

* 큰 사이즈로 보시고 싶으신 분들께서는 슈에이의 뜨개
노트 블로그에서 큰 사이즈의 파일을 다운로드 받으실
수 있습니다.
http://punkshu.blog.me/

〈 꽈배기 삼각숄 〉

1. 2코를 만드세요.

2. 2코 모두 코늘림 해주세요.

3. 첫째 코 코늘림, 겉뜨기 2코, 마지막 코 코늘림. − 이런식으로 매 단마다 첫 코와 마지막 코에서 코늘림 해 주세요.
   (코늘림 하는 법 : 뜨개노트 5장을 참고해 주세요. / 꽈배기 뜨는 법 : 뜨개노트 6장을 참고해 주세요.)
   * 꽈배기 외에는 메리야스뜨기가 기본이 됩니다(메리야스뜨기 : 겉면에서 겉뜨기, 안쪽면에서 안뜨기).

4. 코늘림하는 마지막 단까지 뜨셨다면, 마지막 2단은 코늘림 없이 뜰거에요. 도안대로 겉뜨기, 안뜨기를 교차하며
   두 단을 떠주세요.

5. 모두 코막음 해 주세요.

6. 태슬을 만들어 삼각형의 각 꼭지점에 연결해 주세요.

7. 완성 ★

Chapter.09

봄을 기다리는 레이스 스카프

반복 차트 보는 법, 왼코 중심 3코 모아뜨기

아직은 쌀쌀하긴 하지만, 제법 봄의 설렘이 느껴지기 시작하네요~

맞아 맞아~

젖은 흙냄새와 따뜻한 햇빛 냄새~ 아~~ 봄이 오고 있어요~

킁카 킁카

개죠?!

물론 아직까지는 아침에 파카를 입고 출근하셔야 합니다. 추운 아침 출근버스에서 모두의 부러움을 살 수 있어요!

따뜻한데다가 근육도 있어 보여요!

3월까진 겨울이죠.

그래도 역시 봄냄새에 마음이 들떠요~ 화사하고 하늘하늘한 옷에 눈이 가구요~

나두~

넌 요정이니까 빨개벗어도 되잖아.

넘하네!

따스함과 화사함,
그리고 하늘하늘함까지~!
이 모든 걸 한 번에 만족시키는 아이템은
바로바로
레이스 스카프!!!

레이스~!

은은한 레이스 무늬와
화사한 그라데이션이
봄 느낌 가득이에요~!

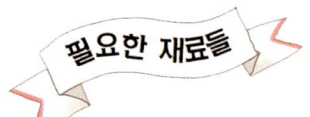

필요한 재료들

스펙트라빌
:61 오렌지그레이

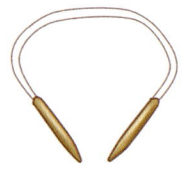

4.5mm
줄바늘

단색으로 뜨셔도
좋지만, 화사한 그라데이션
실로 뜨면 뜨는 동안 새로운
색상이 나와서
정말 설레요~

예뻐~!

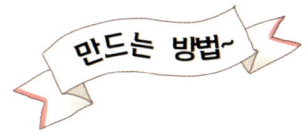
만드는 방법~

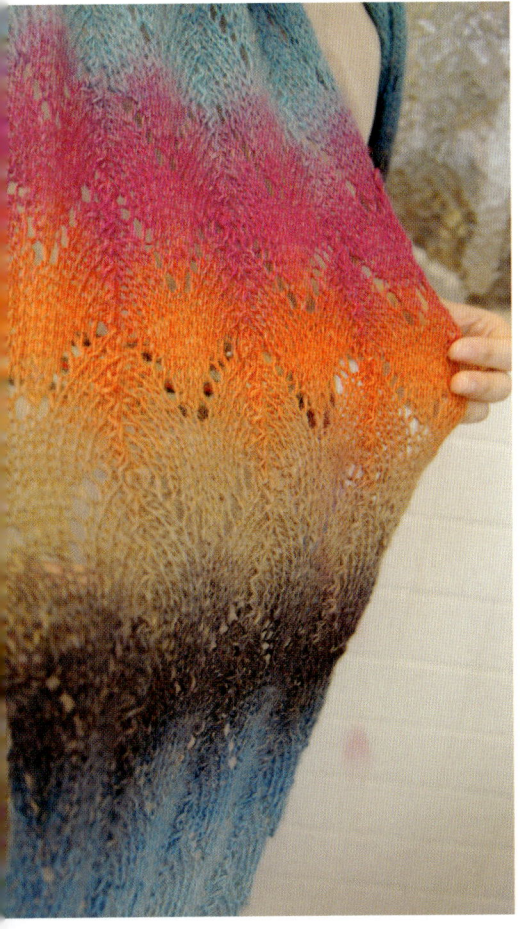

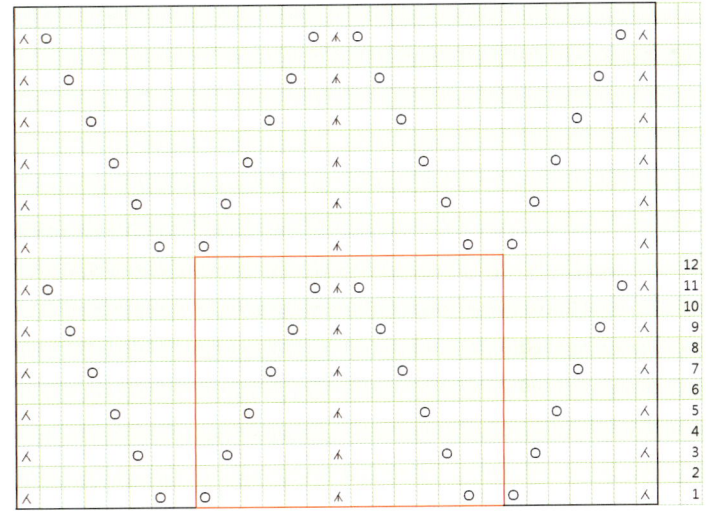

□ 겉뜨기　⋀ 왼쪽 겹치기　○ 바늘비우기

⋏ 왼쪽 중심 3코 모아뜨기

1. 57코를 잡으세요.
2. 가터뜨기로 6단을 뜨세요.
3. 도안의 빨간 네모(반복 무늬)를 3번 반복하면서 뜨세요.
4. 12단이 한 무늬입니다. 이 무늬를 30번 반복하세요.
5. 가터뜨기로 6단을 뜨고, 느슨~하게 코막음 하세요.

〈레이스 챠트 (반복 무늬) 뜨는 방법〉

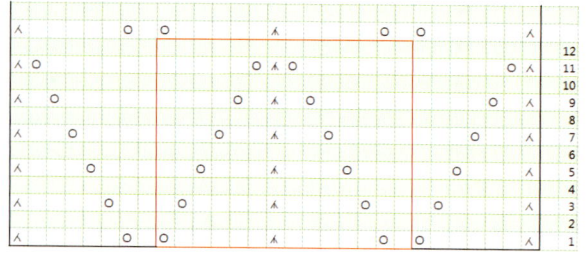

저 빨간 네모…
반복이란 건 알겠는데…
그 앞뒤의 코는 또 뭐야?

헷갈려~

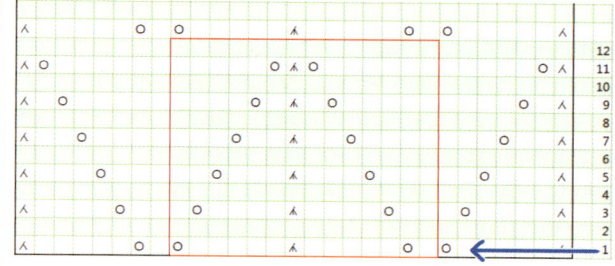

쉽게 생각해~
첫 번째 코부터 뜨기 시작하면 돼.
그리고 빨간 네모에
도착하면,

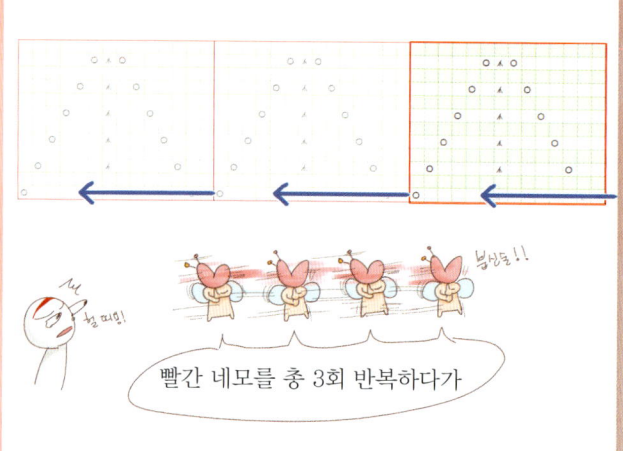

빨간 네모를 총 3회 반복하다가

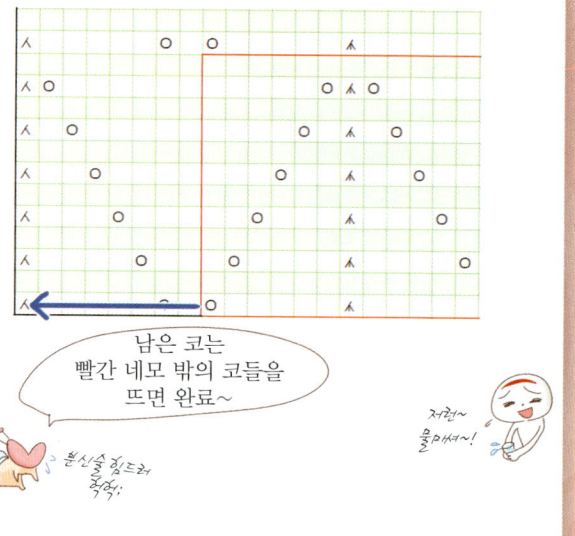

남은 코는
빨간 네모 밖의 코들을
뜨면 완료~

저건~
몰라써~!

무늬뜰 때에
뒷면은 모두
안뜨기로 뜰거야.

그렇네!
도안에서
겉뜨기 표시니까

왼코 중심 3코 모아
뜨기… 이름이 길죠?
이름을 외우지 마시고
기호의 모양, 방향을
알아두시면 편해요.

나중에는
⋏ ⋏ 이런 기호도
등장해요!

※ 기호 뜰 차례에, 왼쪽 바늘의 3코를 한꺼번에
겉뜨기하시면 됩니다.

⋏ !

짠~ 3코를 한꺼번에 겉뜨기한 모습이에요.
코의 모양이 ⋏ 이렇게 기호랑 비슷한
모양이 되었죠!

무늬가 모인 곳 가운데 도드라진 부분이 3코를
한꺼번에 겉뜨기한 코예요. 이 코를 중심으로
코들이 모여드는 모양을 하고 있어요. 이 무늬는
'공작새 꼬리' 라는 이름을 가지고 있어요!
이름과 무늬, 색상이 잘 어울리나요? ^^

화사한 봄
코트와도 매치시켜
보세요!

어두운 컬러의
옷에 화사함을
더해줘요!

134

아~ 환상적인 그러데이션~
레이스 무늬의 가벼움이 꼭
선녀 날개옷 같아요~
날아갈 것만 같은 기분~

어…
여러분…
그럼 다음…

다음 장에서
만나요~!!

역시 요정은 알몸이죠!

Chapter.10

빛 뺠에서 지켜줘!
레이스 암워머

— ㅅ, ㅿ 기호 —

아~
따스한 봄의
태양이여~

쯧쯧-
봄 햇살은 따갑다구.

지글
지글

파사삭-

옛말에
'봄볕은 며느리를 쪼이고
가을볕은 딸을 쪼인다.' 라고 할만큼
봄볕은 따가워!

여름뿐만 아니라
봄에도 방심말고 자외선을
조심해야 해!

시어머니도 매섭다!

이런
그렇구먼!

좋아!!
짧은 봄옷을 입어도
자외선에서 지켜 줄 아이템을
뜨겠어!!!

필요한 재료들

빈센트(3p) 1볼
2735 블랙
(1볼 : 60g)

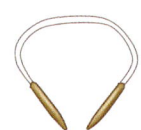

4mm 줄바늘

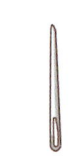

돗바늘

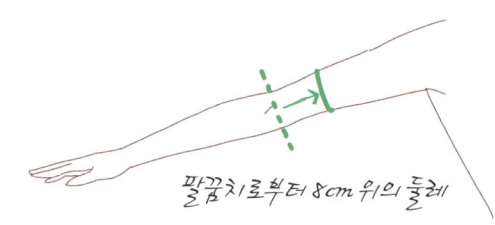

팔꿈치로부터 8cm 위의 둘레

사이즈	XS	S	M	L
둘레	24.1cm	26.7cm	29.2cm	33 cm

팔꿈치로부터 8cm 윗쪽의 팔둘레를 줄자로 재어 보시고, 맞는 사이즈를 골라서 뜨시면 됩니다.

* 도안에서 사이즈 보는 법
레이스 무늬는 표로, 콧수나 반복 횟수 등은 글로 표현하였습니다. 글 도안에서 사이즈별로 콧수, 횟수는 XS, S, M, L 순서로 표기하였습니다.
XS(S, M, L) 순서이기 때문에 예를 들어, M사이즈를 뜨시는 분은 36(42, 54, 66)코 라고 표기되어 있을 경우, 36XS(42S, 54M, 66L) 의 순서이기 때문에 괄호 속 M사이즈 위치의 54코를 뜨시면 됩니다.

이번 아이템은 팔에 착~ 감겨야 해요. 그래서 사이즈를 4가지로 준비했습니다.

만드는 방법~

범례:
- □ 겉뜨기
- ⋏ 중심 3코 모아뜨기
- ○ 바늘비우기
- ⋏ 왼코 겹치기
- ⋋ 오른코 겹치기

(차트 오른쪽 단 번호: 8, 7, 6, 5, 4, 3, 2, 1)

첫~ 우아하게 햇빛을 쳐단~

내건 짧게 떴어!~

1. 43(49, 55, 61) 코를 만드세요. 코를 만드실 때에
   너무 **빡빡하게** 만드시면 착용하실 때 힘듭니다.
   바늘 두 개를 겹쳐서 코를 잡으시면 더 좋아요~

2. 1코 고무뜨기로 7단을 뜨세요.

3. 도안대로 레이스 무늬를 뜨세요. 사이즈별로 빨간
   네모 구간을 5(6, 7, 8)회 반복해 주세요.

4. 총 43cm가 될 때까지(고무단 포함) 레이스 무늬를 떠
   주세요. 좀 더 긴 길이를 원하신다면 더 뜨셔도 좋고,
   짧은 길이를 원하신다면 덜 뜨셔도 좋아요~ 원하시는
   길이가 되도록 떠주세요.

5. 레이스 무늬를 원하는 길이가 될 때까지 뜨셨다면,
   1코 고무뜨기로 7단을 떠 주세요.

6. 너무 **빡빡하게** 당기지 마시고 느슨~하게 코막음을 해
   주세요. **빡빡하게** 코막음하시면 착용하실때 불편하실거
   에요 ㅜㅜ (큰 사이즈의 바늘은 5~5.5mm로 코막음을
   하시면 편합니다)

7. 코막음을 완료하셨다면, 뒤집어서 반 접으신 후 손가락
   구멍을 남기고 옆선을 꿰매어 주세요.
   (뜨개노트 2장 핸드 워머편을 참조해 주세요. ^^)

8. 실꼬리를 안보이게 처리하시고 겉이 나오게 뒤집어
   주시면 완성입니다!!

⟨ △ 중심 3코 모아뜨기 ⟩

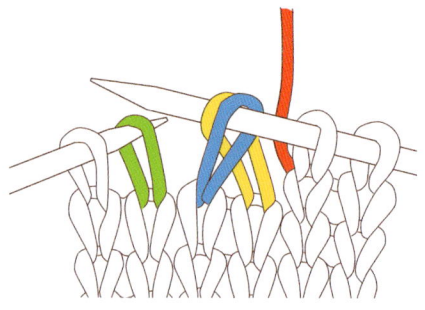

먼저 파란, 노란 코와 한꺼번에 찔러넣어 오른쪽 바늘로 뜨지말고 넘겨주세요. 왼코 겹치기 하듯이 두 코를 한꺼번에 찌르시면 됩니다.

두 코를 넘기시면 그림과 같은 모양이 될 거에요. 그러면 연두색 코를 겉뜨기 해 주세요.

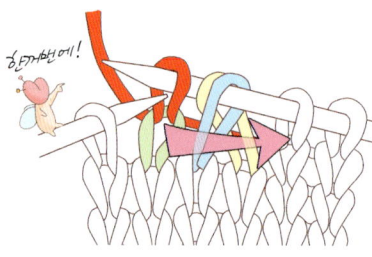

연두색 코를 겉뜨기 해주시면 그림과 같은 모양이 되어있을 거에요. 새로 뜬 코를 빨강으로 표시했어요. 이제 코막음 하듯이 뜨지 않고 걸러준 코들을 덮어 씌워줄 건데요. 핑크색 화살표대로 왼쪽 바늘을 파란, 노란 코에 한꺼번에 찔러주세요.

노란 코, 파란 코를 한꺼번에 왼쪽 바늘로 찔러서 덮어씌워 주세요.

짠~ 중심 3코 모아뜨기 완성입니다~ 가운데 있던 파란 코가 맨 위에 올라오고 나머지 코들이 파란 코를 중심으로 모였기 때문에 중심 3코 모아뜨기라고 불러요. 역시나 이름 자체를 외우시기보다는 기호와 뜨신 모양의 관계만 알아주시면 됩니다.^^

< ⅄ 오른코 겹치기 >

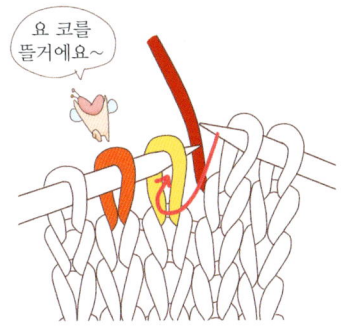

노란 코를 겉뜨기 하듯이 오른쪽 바늘을
찔러 넣어 뜨지말고 넘기기만 해주세요.
그리고 주황색 코를 겉뜨기 하세요.

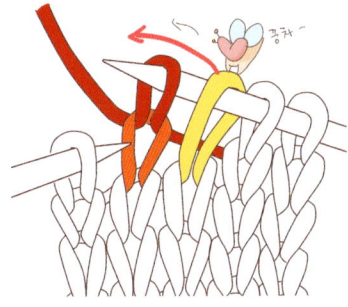

노란 코를 방금 뜬 빨간코에 덮어 씌워
줄 거예요.

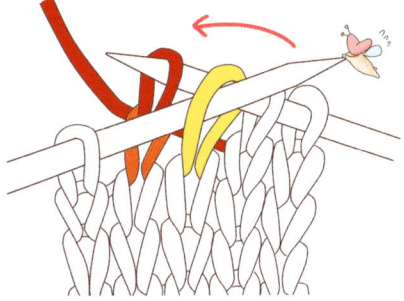

코막음 할 때처럼… 왼쪽 바늘을 노란 코에
넣어서 끌어당겨 주세요~!

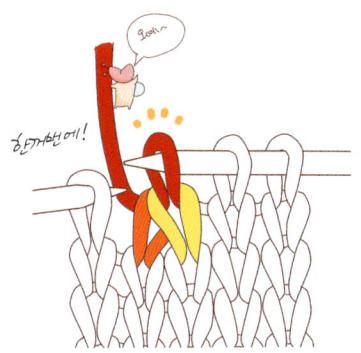

짜잔~! 오른 코 겹치기 완성입니다^^
코들의 모양이 기호같은 모양이 되었죠?
역시나 길고헷갈리는 뜨는 법 이름을 외우
시기 보다는 기호와 코 모양의 관계만
느껴주세요~

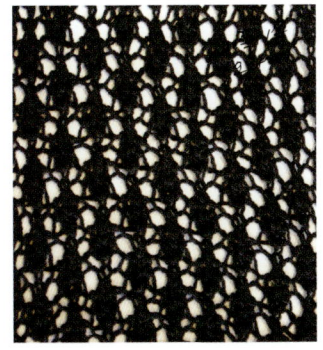

도안대로 뜨면 요런느낌의 레이스 무늬가
된답니다~

143

미리 사놓은
반팔에 코디하면
독특한 느낌의 옷으로~

오~ㅋ

쨍-
쨍-

팔만 흑인이던 시절은
이제 안녕!

운전할 때에도
손과 팔이 보호되어
좋아요!!

사실 저는
운전할때 끼려고
떴어요~

정말로?

검정색으로 뜨니
고스룩에도 어울리나요?

이렇게
입으려고 뜬 것
같은데!

헤헷~
섹시하게(?) 자외선에서
지켜줄 오늘의 레이스 암워머
어떠셨나요?

후후~
공연 보러가야지!

역시
공연이 목적이군!

자켓 속에
착용하니 색다른
이너의 느낌이에요.

145

Chapter.11

뜨개질의 완성!
블락킹 & 스팀

149

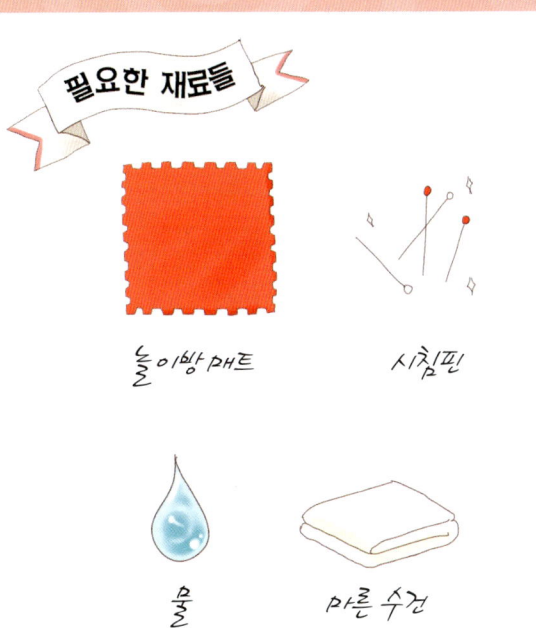

필요한 재료들

놀이방매트

시침핀

물

마른 수건

자~!
쭈글쭈글 레이스 무늬를
활짝 피워보자구~!
놀이방 매트를 깔아줘~!

자글자글

라져!

뜨개뜨개한 완성품을
미지근한 물에 푹~
적셔주세요. 섬유 속속
잘 젖도록 손으로 살살 눌러가며
적셔주세요

살살눌러
지나친 물기 빼주고

너무세게
누르거나 비틀어 짜면
늘어나거나 망가지니
눌러 짜야 해요

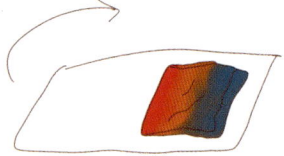

마른 수건으로 한 번 더 물기를 제거해 주세요.
촉촉한 정도로 물기가 남도록 해주세요.

너무 적시면
마르는 데 오래걸려서
걸레냄새 날 수도 있어요.
끄아;;

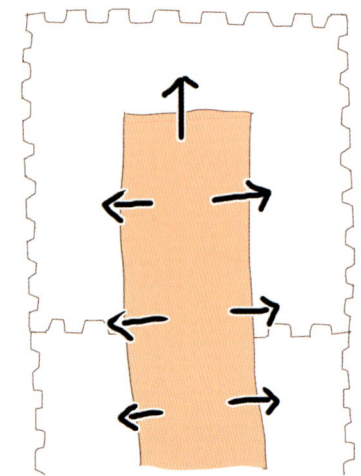

놀이방 매트 위에서 편물을 펴놓고
적당히 사방으로 당겨주세요.
젖은 편물이 흐늘흐늘해져서 잘 늘어날거에요.

깊이
꾹꾹눌러 꽂아
주세요

한쪽 면에 일정 간격으로 핀을 꽂아 고정해 주세요.

152

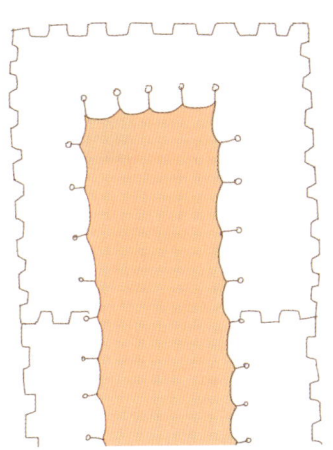

너무 세게 당기지 않도록 주의하면서
잘 펴지도록 당기시며 사방에 핀을 꽂아 고정해 주세요.

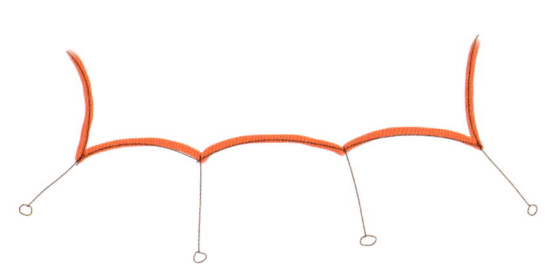

핀을 꽂았을 때에 당겨진 모양이(빨간 테두리)
편물이 바짝 마르고 나면 그대로 고정이 된답니다~

레이스 숄의 뾰족뾰족한 엣지도
이런식으로 만들어져요~!

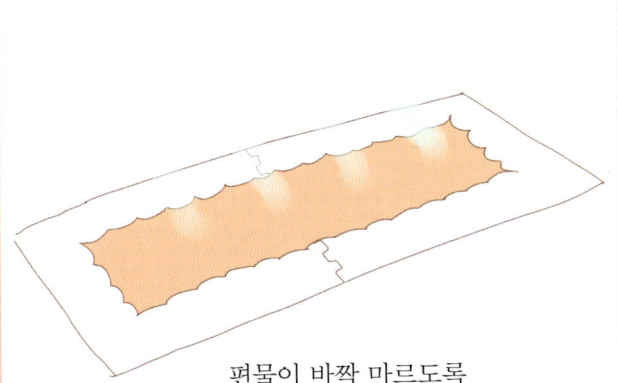

편물이 바짝 마르도록
되도록이면 24시간 이상 방치해 두세요.
그 후 핀을 제거하시면
고르게 피어난 무늬와 선명한 엣지의 작품으로
"재탄생" 한답니다~!

블락킹 전

블락킹 후

같은 무늬, 같은 실로 떴는데 느낌이 너무 다르죠!
왼쪽은 뜨개질만 하고 블락킹은 하지 않았어요.
오른쪽은 적셔서 핀을 꼭꼭 꼽아
36시간 정도 놔두었어요~
블락킹 후엔 무게도 훨씬 가벼워진 듯한
느낌이 든답니다!
하늘하늘해지고요~

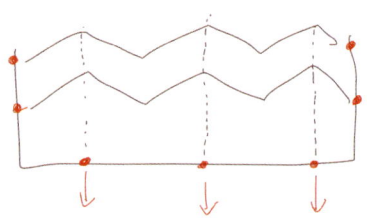

뜨개노트 9장의 레이스 스카프는
양쪽 끝의 구멍 무늬 시작 부분에 핀을 꽂아주어
블락킹 후에 양 끝이 고르게 뾰족뾰족하게 살아났어요~

또 스카프의 시작과 끝은(짧은 변) 왼코 중심 3코
모아뜨기 (3코 한꺼번에 겉뜨기)한 부분이
뾰족하게 모이는 구조라서 블락킹 할 때에 이 부분을
살짝 당겨 끝을 뾰족하게 살려주었습니다.

꺄호~
뾰족뾰족 엣지가 예쁘게 살아났어요~~!!

참, 요렇게 선명한 엣지가
생기는 실은 따로 있답니다.
"동물성 단백질" 성분이 70% 이상인
실이 이렇게 원하는 모양으로
블락킹이 잘 된답니다.

대표적인
동물성 단백질은—

양털
(울)   알파카   모헤어   실크(비단)
등등등….

이번엔 비교적 간편하고 두루쓰기 좋은 스팀법을 소개할게요

푸슉~

스팀하실 때에는 몇 가지 주의하실 점이 있답니다!!

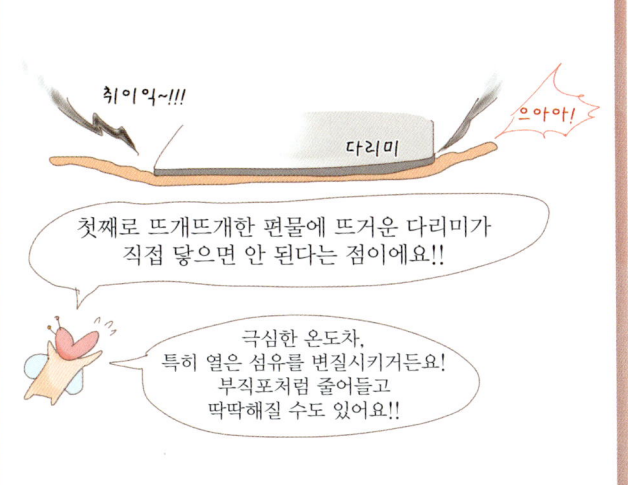

취이익~!!!

다리미

으아아!

첫째로 뜨개뜨개한 편물에 뜨거운 다리미가 직접 닿으면 안 된다는 점이에요!!

극심한 온도차, 특히 열은 섬유를 변질시키거든요! 부직포처럼 줄어들고 딱딱해질 수도 있어요!!

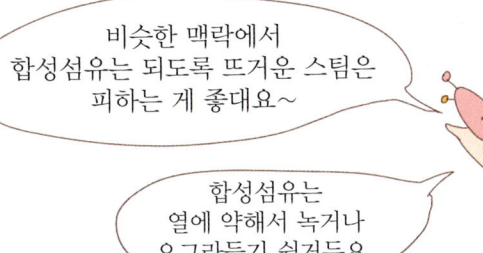

비슷한 맥락에서 합성섬유는 되도록 뜨거운 스팀은 피하는 게 좋대요~

합성섬유는 열에 약해서 녹거나 오그라들기 쉽거든요.

슬픈 기억들…

실제로 뜨개노트 4장의 라센느 실로 떴던 넥워머를 빨리 스팀주려고 다리미로 살짝 눌렀는데…

정말 살짝 눌렀는데.. 진짜 부자연스럽게 납작해 지더라구요!

꺄아! 띠용~

운 나쁘면 녹거나 오그라들어서 힘들게 한 뜨개질을 망쳐 버리게 되죠!!

끼야악~

오글오글

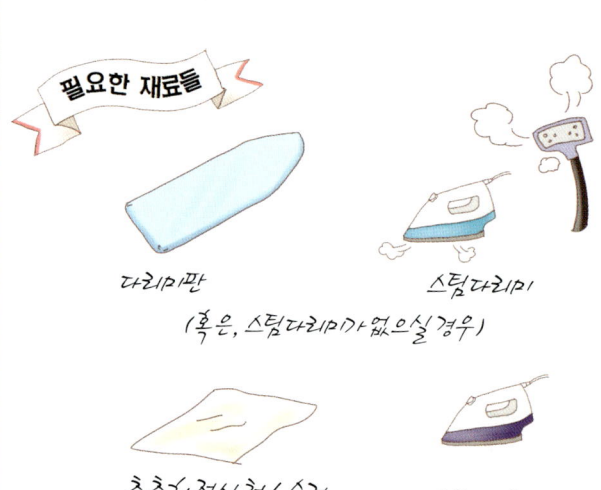

필요한 재료들

다리미판

스팀다리미
(혹은, 스팀다리미가 없으실 경우)

축축히 적신 천/ 수건
(100% 면이어야함!!)

일반 다리미

스팀다리미는 어떤 종류든 스팀이 풍부히 나오는 다리미를 쓰시면 된답니다~

다리미판에 뜨개뜨개한 편물을 올리시고요,

스팀 전
뜨개노트 8장의
꽈배기 삼각숄

편물에 다리미가 직접 닿지 않도록 살짝 떼고 천천히 움직이며 스팀을 쐬어 주세요!

스팀 후
뜨개노트 8장의
꽈배기 삼각숄

스팀 전보다 확실히 차분하고 반듯해졌죠!!
꽈배기 삼각숄을 떴던 빈센트 리치는
합성섬유인 아크릴이 함유되어 있지만
5%로 아주 적게 함유되어 있어요.
그래서 다리미가 직접 닿지 않는 한
스팀을 해도 망가지거나 하지는 않아요!

부드럽게 꼼꼼히 스팀을 쐬어주세요~

숙숙-

스팀다리미가 없으시다면, 일반 다리미와 젖은 천(수건)을 준비해 주세요

뜨개뜨개한 편물 위에 촉촉하게 적신 천(수건)을 덮어주세요.

살~살 눌러가며 다림질 해주세요~ 단, 평소 옷을 다릴때처럼 꾹꾹 누르시면 아니되어요!

휴~ 뜨거운 스팀에 땀났지만… 반듯해진 결과물을 보니 뿌듯~하네요!

반듯~

깔끔~

158

참! 스팀과 블락킹,
결과물에서 어떤 차이가 날까요?

레이스 숄의
뾰족한 엣지를 좋아 하신다면
블락킹을 해주시는 게 좋아요~
단, 동물성 섬유의 실이 효과가
좋단걸 잊지마세요~

면이나 마같은
식물성 섬유는
동물성 섬유만큼
엣지가 살지
않아요.

레이스숄 스팀 주었을 때

레이스숄 블락킹 했을 때

블락킹한 쪽이(아래) 전체적으로 더 고르고
무늬도 선명하고 가벼워 보여요!
엣지도 잘 살아있구요.

으와~~
핀꼽기도 힘들고~ 뜨거운 스팀
쐬기도 힘들었당~
안해도 그만인데~

그래도
보람있지?

헤헤~
맞아~! 훨씬
완성도 높아져서
엄청 보람있어~!

그치!?

뜨개질은 노력한 만큼
아름답고 멋진 결과물로
보답해 주는 것 같아요~
그래서 힘든 과정들도,

그럼
그럼~

허허~

더 멋져진 내 니트를 보고
감탄할 주변 사람들을 생각하면…
저~언혀 힘들지 않습니다…!
후후후… 크~크후후후훙~

그런거냐!!

후후후

다음 장에서도
욕망의(?) 뜨개뜨개를
함께해요!!!

Chapter.12

옷을뜰 준비!
게이지를 알아보자!

162

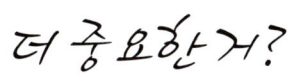

오~
사이즈가 중요하군

자신의
가슴, 허리, 엉덩이
둘레는 정확히 재서
기억해 두시면
편해요

…어케
쓰리 사이즈가
똑같지?

뭐라고 …?

아, 아니
그게 아니구;;

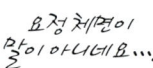

요정 체면이
말이 아니네요…

쯧!

164

자, 사이즈를 쟀으면 뜨개질로 옷을 만들 때에 중요한 게 뭐가 있~게?

얼래? 뜨개질 할 때는 뭐가 다른 거야? 글쎄…

게 이 지

게이지를 내봐야지!

게이지?!

아!! 게이지!! 들어봤어!!

도안 같은 데 보면 꼭~ 게이지 게이지~ 게이지 몇 코~ 이러더라고~

이게 뭔데? 어쩌란 거야?

뜨개도안

실이름 : 반엔토
바늘 : 4 mm
게이지 : 20 코 30 단

165

옷을 만들 땐
사이즈가 중요하잖아~

그야
당연하지~

옷을 만들 땐,
원단에 원하는 길이를 재서
옷본을 그리고 원단을
자르면 되잖아?

응응

근데 뜨개로 옷을
만들 때에는 편물을 자를 수도 없고,
심지어 옷본 모양대로 떠야되거든

원단을 제작하는 거지뭐

헉!
원단 제작?!

12mm 바늘   3mm바늘

굵기가 다른 실로 각각 5코, 5단씩 떴어요.

그리고 이렇게
같은 콧수, 단수로 뜨개질을 해도
실, 바늘 굵기에 따라
크기 차이가 나거든~

예를 들어, 이렇게
가로 50cm, 세로 60cm인 부분을
뜨려면 어떻게 해야 할까?

60cm

50cm

아놔
문제내지마!

??!??!?!?!???

무...
물어보지마...

헉

1cm에
몇 코, 몇 단이 있는지
그 기준을 알 수 있다면
계산하기가 쉬워질거야!

그리고 이게 바로
'게이지'이고

1cm

1cm

오옷!

게이지 측정을 위해
꼭! 시험뜨기로 가로 세로
15~20cm되는 조각을 떠봐야 해.

15~20cm

15~20cm

* 옷을 뜰 때에 뜨는 무늬로 시험뜨기를 해야 합니다.
  (이번에는 메리야스뜨기를 기준으로 설명합니다.)

* 3~4.5mm 바늘로 뜰 때 :
  35코 정도 잡으면 너비가 12~15cm 정도됩니다.
  길이도 15cm 정도 될 때까지 떠 주세요.

* 5~6mm 바늘 : 30코 정도

* 6.5~8mm 바늘 : 25코 정도

뜨고 나서 스팀이나 블락킹을 꼭 하세요.
그리고 가로, 세로 10cm 내에
몇 코, 몇 단이 있는지 콧수와 단수를 세어주세요.

엥~?
블락킹하면 마를때 까지
기다려야 하잖아!
귀찮아~ 그냥 뜨자마자
재보면 안돼?

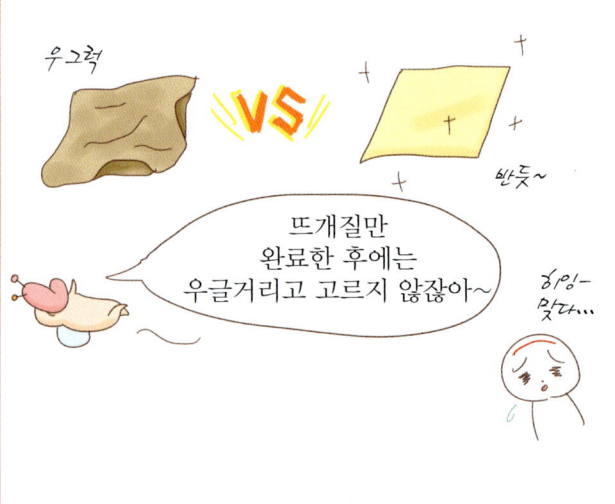

우그럭

VS

반듯~

뜨개질만
완료한 후에는
우글거리고 고르지 않잖아~

히잉-
맞다...

아무튼!
스팀 혹은 블락킹 후 고르고 이뻐진
뜨개 조각에, 가로 세로 10cm내에
몇 코, 몇 단이 있는지 세어보면 돼~

예를 들어, 10cm 내의 콧수, 단수가
20코, 30단이라고 가정해 볼게~

그럼 1cm에는
몇 코, 몇 단이 있을까?
10cm의 콧수, 단수를 10으로
나누면 돼!

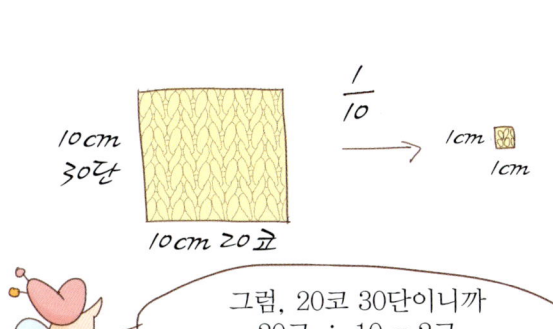

10cm
30단

10cm 20코

$\frac{1}{10}$ →

1cm
1cm

그럼, 20코 30단이니까
20코 ÷ 10 = 2코
30단 ÷ 10 = 3코
즉, 1cm는 2코 3단으로
이루어진거지.

게이지 :
10cm에 20코 30단

60cm

50cm

그러면, 가로가
50cm가 되게 뜨려면
몇 코를 잡아야 되~게?

홋~~~
이래뵈도 이과 출신이라구!
1cm에 2코니까
2코 × 50cm = 100코

그럼, 높이가 60cm 되려면 몇단이나 떠야 될~까?

60cm

1cm에 3단이니까 3단 × 60cm = 180단

아무리 연습 문제라지만 180단이나 되는 건 뜨기 귀찮은데;

어라?

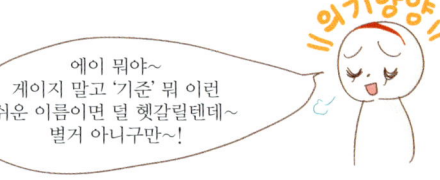

10cm가 나눗셈하기 편하기 때문에, 대부분의 도안에서 10cm 속의 콧 수, 단 수를 게이지로 표기해요.

에이 뭐야~ 게이지 말고 '기준' 뭐 이런 쉬운 이름이면 덜 헷갈릴텐데~ 별거 아니구만~!

의기양양!

스스로 디자인 할 때는 물론이고, 도안보고 뜰 때도 반드시!! 내 게이지와 도안 게이지가 비슷한지 확인해야만 해!!

뜨개뜨개 도안
실 : 빈센트 리치
바늘 : 4mm
게이지 : 24코 30단

어라? 도안이랑 똑같은 실, 바늘을 쓰면 게이지도 똑같이 나와야 되는거 아냐?

같은 실, 같은 바늘이면 대체로 게이지는 비슷하게 나오는 편이긴 하지만! 사람마다 손맛이 다르거든~

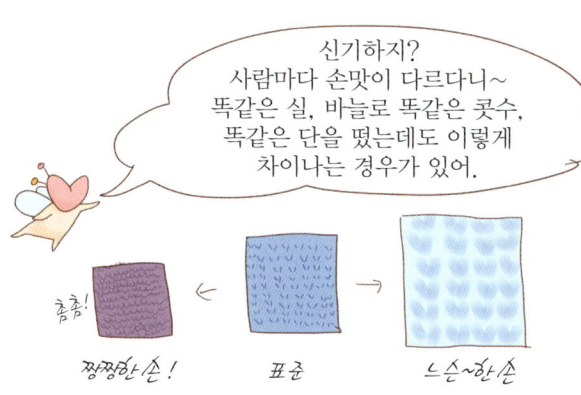

171

어라?
근데 레이스 무늬나
꽈배기 무늬는 콧수나 단수 세기가
힘든데, 어떻게 하면 좋지?

헉헉
녹초다..

한 무늬

한 무늬

레이스도 꽈배기도 결국
반복 무늬거든~ 이렇게 콧수, 단수 세기가
어려운 무늬는 '한무늬' 의 크기가
얼마나 되는지를 재어보면 돼.

오!
그런 방법이!

슈에이!
옷을 떠보기 전에
미리 시험뜨기 해 보자!
맘에 드는 무늬를 골라~

꺅~!!!
나에게 선택권을
주는 거야~????
정말로~~???

음~~~~~ 메리야스뜨기가
간편하기는 하지만…
날이 많이 따뜻해져 가니까,
레이스 무늬가 좋을 것 같애~~

레이스~
꽃구경 갈 때에
입으면 딱이겠다~

172

필요한 재료들

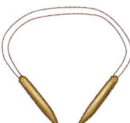

빈센트(3p)
2767빤(파스텔민트)
5볼

4mm 줄바늘

〈깃털 무늬〉

이 무늬로
나풀나풀 밑단을
뜨고 싶어~

〈라일락 잎 무늬〉

요 무늬로 몸판을~
깍~ 넘 예뻐겠지!

〈완성작 상상 중~〉

173

25	24	23	22	21	20	19	18	17	16	15	14	13	12	11	10	9	8	7	6	5	4	3	2	1	
																									15
	O		∧		O		O		∧		O		O		∧		O		O		∧		O		14
																									13
	O		∧		O		O		∧		O		O		∧		O		O		∧		O		12
																									11
	O		∧		O		O		∧		O		O		∧		O		O		∧		O		10
																									9
	O		∧		O		O		∧		O		O		∧		O		O		∧		O		8
																									7
	O		∧		O		O		∧		O		O		∧		O		O		∧		O		6
																									5
	O		∧		O		O		∧		O		O		∧		O		O		∧		O		4
																									3
	O		∧		O		O		∧		O		O		∧		O		O		∧		O		2 (겉면)
−	−	−	−	−	−	−	−	−	−	−	−	−	−	−	−	−	−	−	−	−	−	−	−	−	1 (뒷면)

첫 단은 겉뜨기로 한단 뜨세요~

□ 겉뜨기
ⓞ 바늘 비우기
⋀ 중심 3코 모아뜨기

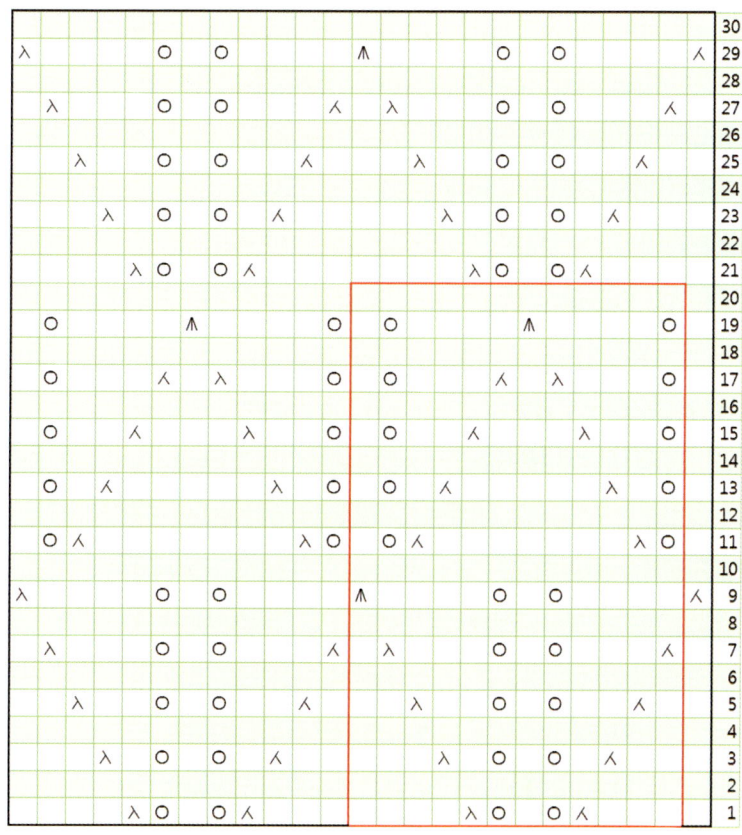

□ 겉뜨기	人 왼코겹치기
人 오른코겹치기	⋔ 중심세코 모아뜨기

○ 바늘비우기

도안에서 한눈에 느껴지듯이 다이아몬드 형태의 나뭇잎 같은
무늬가 생긴답니다!
12코 20단이 한 무늬에요!

두 무늬가 어우러지면 이런 느낌이에요 ^^

와~
뜨고 나면 어떤 느낌일지~
옷이 되면 또 어떤 느낌일지~
두근두근해요~

글쎄 좋아요~?

다음 장에서 본격적으로
뜨개뜨개 할거에요~!!
다음 장에서도 함께해요.
뜨개뜨개~

Chapter.13

향기 가득한
라일락 가디건 1
옷을 떠보자! 레이스 무늬의 이해

179

이렇게 기호만도
4가지나 되고!!
거기에 겉뜨기, 안뜨기도
기본으로 추가되고 말야.
지금까지 떠본 무늬
총 출동인데
안 헷갈리겠어?!

그…
그건 이유가 있어.

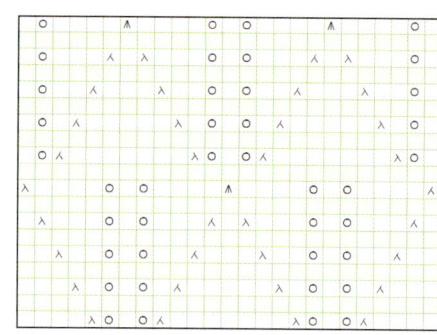

25코
25코
25코
25코

레이스 무늬에 여러가지 기호가
사용되는 건, 전체 콧수를 일정하게
유지하기 위해서야~

+1

바늘 비우기 ⊙ 는 코 사이에
실을 걸어 "한 코를 늘리는" 거야.
늘어난 코가 구멍 모양으로
표현되구~

-1

그리고 왼코/오른코 겹치기는
두 코를 한 코로 "줄이는" 거고.

호오~

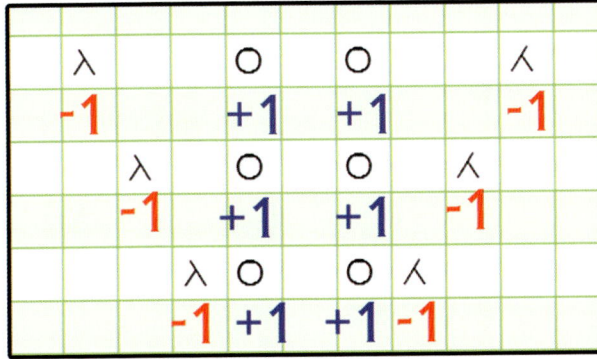

레이스 무늬는 이렇게 코늘림과 줄임을 적절히 섞어서 콧수를 그대로 유지하며 독특한 무늬를 자아내!

옳~ㅋ

쿄가 늘면...

쿄가 줄면...

콧수의 변동은 이렇게 모양에 변화를 주거든!!

호오~ 콧수가 일정하게 유지되어야 뜨개질한 모양도 고르게 올라가게 되는구먼…!

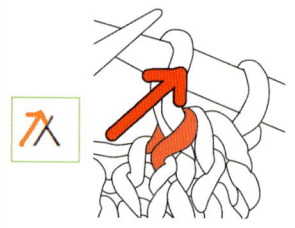

코가 겹치는 위치에 따라 "방향"이 정해진답니다!
도안에서 기호의 긴 선의 방향대로 말이죠!

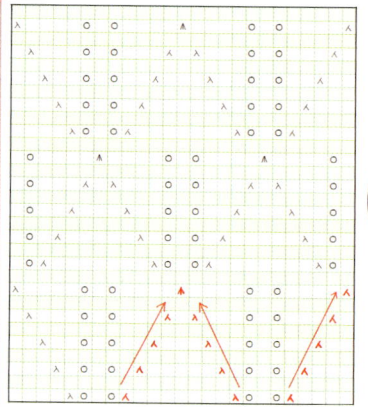

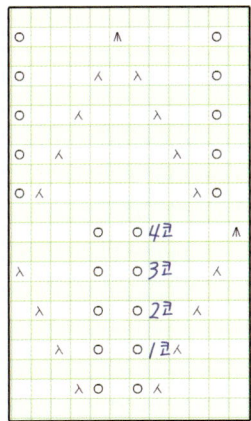

+1되는 바늘 비우기와 −1 되는 코줄임
(왼코/오른코 겹치기) 사이의
겉뜨기 콧수가 매 단 마다 1코씩 늘어납니다.

코줄임의 위치와 방향이 어우러져
자연스러운 사선이 만들어져요.

코의 갯수와 방향의 조화로
멋진 나뭇잎 무늬를
피워낼 수 있는 거야!

내 손안에서
피어나는 무늬!

참고로 무늬 이름은
'라일락 이파리' 라고 해~
봄이랑 어울리지?

아~
라일락 너무
좋아해~

큼카 큼카

그럼!!
이제 옷을 떠빌자구!!!

끼약~~!
기다렸어!!

필요한 재료들

빈센트 (3p)
4볼 - 240g
2767번(파스텔 민트)

4mm 줄바늘
2개

돗바늘

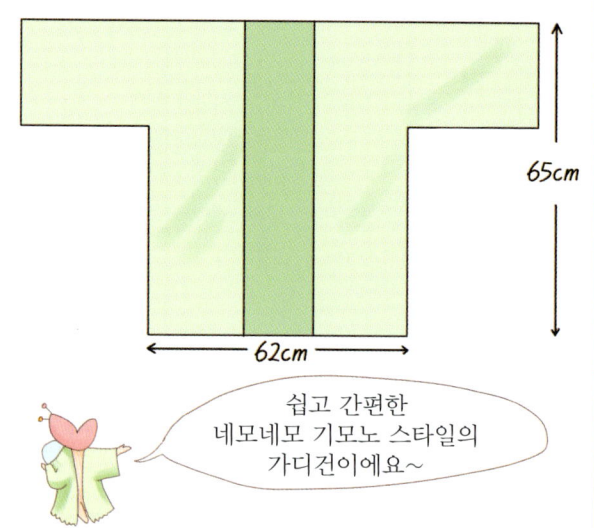

65cm

62cm

쉽고 간편한
네모네모 기모노 스타일의
가디건이에요~

넉넉한 핏의 기모노 라인이에요.
프리사이즈! 가슴둘레 120cm까지
입으실 수 있어요~!

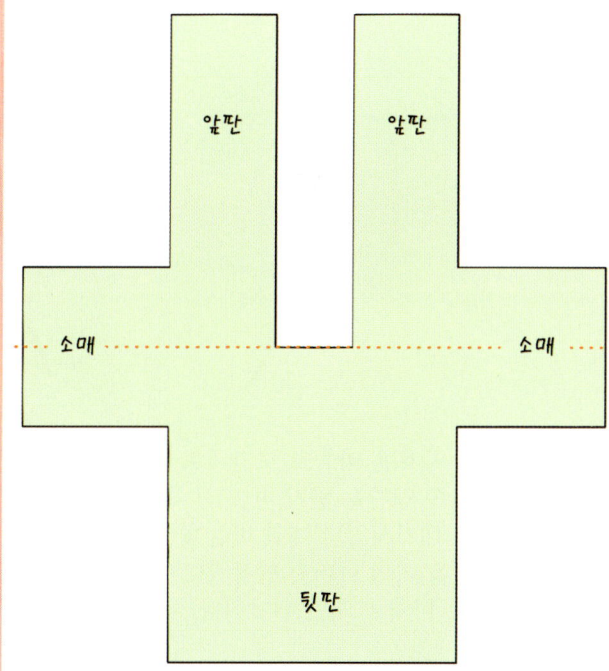

앞판 앞판

소매 ···· 소매

뒷판

뒷판과 앞판을 길~게 이어서 뜰거에요.
그리고 반 접어서 소매 밑과 몸 옆선을 꿰매어 주면
완성이랍니다.

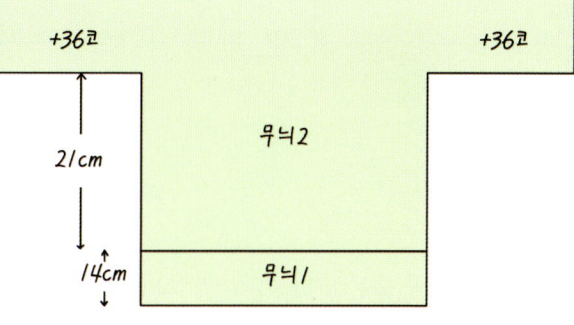

+36코 +36코

21cm 무늬2

14cm 무늬1

무늬 1로 먼저 14cm 뜬 후,
무늬 2로 바꿔서 21cm 더 뜨구요, 소매를 위해
좌우 양쪽에서 각각 36코씩 늘려주세요.

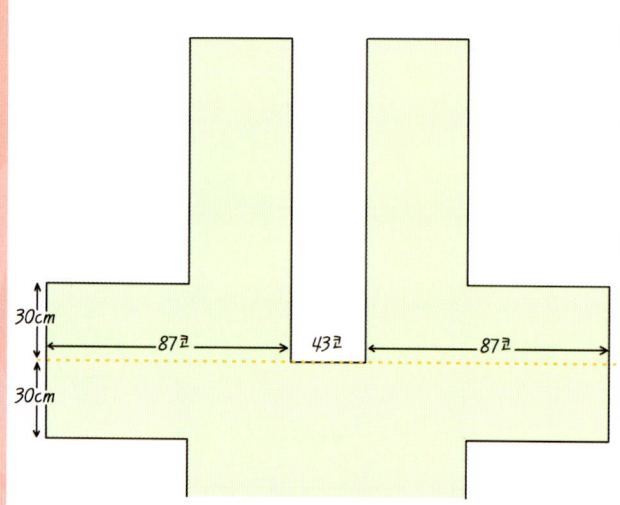

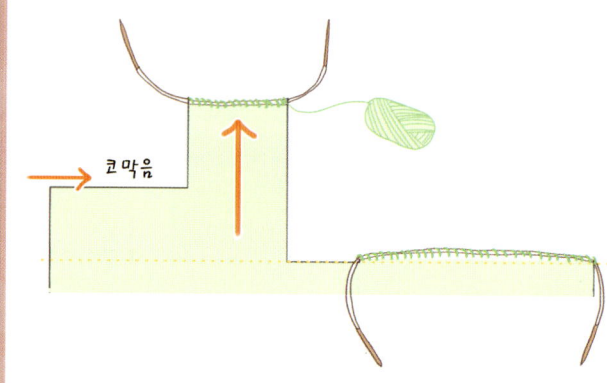

소매 부분을 반절만큼인 30cm
뜨고 나서 앞판 부분을 뜨게 됩니다.
87코를 뜨고 중간의 43코를 코막음하여
앞판을 양쪽으로 나눠줍니다.
한쪽 87코를 뜨고 목부분 43코를
코막음한 후, 새로운 바늘로
남은 87코를 뜨세요.

새로운 바늘로 도안대로
한쪽 앞판을 먼저 다 뜨신 후,
대기시켰던 예전 바늘에
실을 이어 나머지 한쪽 앞판을
마저 뜨시면 된답니다.

〈라일락 가디건 도안〉

사용 실
니트러브 빈센트(3p) – 4볼 (1볼당 60g)
사진 속 실 컬러 : 2767번

4mm 줄바늘 2개, 돗바늘 1개

게이지
레이스 무늬 1 – 깃털 무늬 (밑단 무늬)
가로 – 3무늬 9cm
세로 – 6회 반복(12단) 6cm

레이스 무늬 2 – 라일락 이파리 무늬
가로 – 3무늬 15.5cm
세로 – 2무늬 12.5cm

뜨는 방법 해설은 뜨개노트 13장을 참고해 주세요.

뜨는 법

가장자리 1코씩은 나중에 옷을 꿰메어 줄 때, 목둘레 코를 주울 때 사용할 시접 코가 됩니다.
(무늬 차트에서 '노란색' 으로 표시한 코가 시접 코입니다! 콧수링으로 표시해 두시면 편합니다.)

뒷판

줄바늘로 145코를 잡으세요.
무늬 1 차트를 뜨세요. 첫단은 겉뜨기로 끝까지 뜨시고, 다음 단부터 차트의 2단(겉면) 무늬를 뜨기 시작하면 됩니다.
빨간 네모로 표시한 반복 부분을 23번 뜨시고 나머지 코를 차트대로 떠 주세요.

총 29단을 뜨셔야 합니다. 무늬 1 – 깃털 무늬

겉에서 볼 때에 구멍이 세로로 14개 생기면 됩니다.

무늬 1 – 깃털 무늬

189

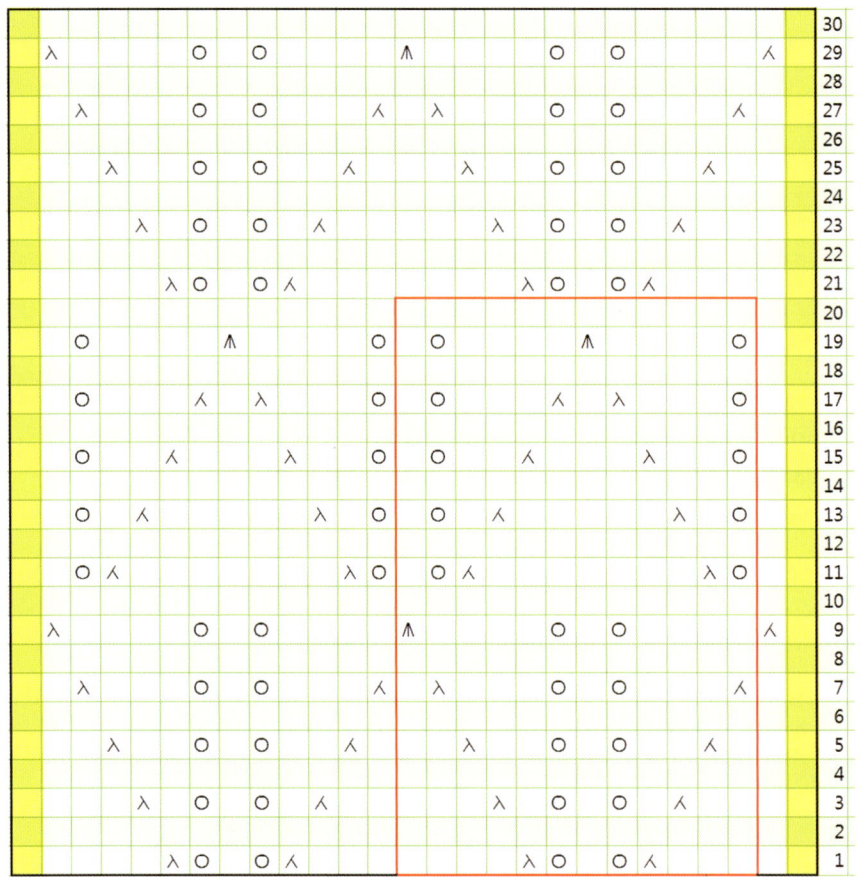

무늬 2 – 라일락 이파리 무늬

	겉뜨기
人	오른코 겹치기
人	왼코 겹치기
⋏	중심 3코 모아뜨기
O	바늘비우기

다음으로 무늬 2를 차트대로 뜨시면 됩니다.
빨간 네모로 표시한 반복 부분을 총 11번 반복하고 남은 코를 뜨시면 됩니다.
빨간 네모가 1무늬로, 세로로 총 3.5무늬를 반복하시면 됩니다.
무늬 2를 총 70단 뜨시면 됩니다.

소매

이제 소매를 위해 코를 늘려줄 차례입니다.
감아코 만들기로 36코를 늘려주세요.(감아코 만들기는 14장에서 소개합니다.⌒⌒)
오른쪽 소매를 위한 36코가 만들어졌습니다. 무늬 2 차트대로 진행하시다가 마지막 코까지 뜨고 나면 또 감아코 만들기로 36코를 늘려주세요. 무늬 2의 차트대로 세로로 4.5무늬 뜨시면 됩니다.(4.5무늬 = 총 90단)

앞판 나누기

무늬 2를 90단 뜨셨다면, 이제 양쪽 앞판을 나눠줄 차례입니다.
무늬 2대로 87코를 뜨세요. 그리고 새로운 바늘로 43코를 코막음 하세요.
남은 코를 무늬 2대로 뜨세요.

왼쪽 앞판

새로운 바늘의 87코를 무늬 2로 뜹니다. 양 끝의 1코는 시접코로 무늬없이 떠주세요~
무늬 2를 총 90단 더 뜨고 나서 소매쪽의 36코를 코막음 해 주세요.
남은 51코를 무늬 2대로 70단 더 뜨신 후 무늬 1로 바꿔서 29단을 떠주세요.
앞판 끝단의 무늬 1은 다음 페이지의 차트를 참고해 주세요.
앞판의 무늬 1 역시 겉에서 봤을 때, 세로로 구멍 무늬 14개가 생기면 28단 완료입니다.
마지막 29번째 단은 뒷면에서 겉뜨기로 떠 주세요.

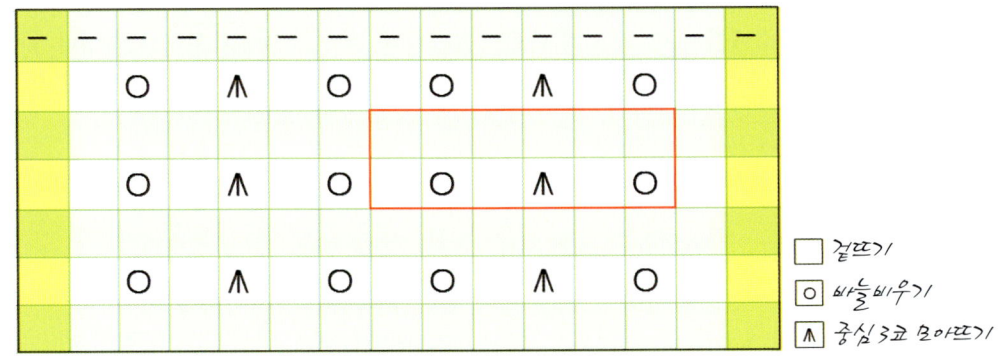

앞판의 끝단 무늬

코막음은 느슨~하게 해 주셔야 합니다.
레이스 무늬라 신축성이 있으며, 나중에 블락킹하실 때 무늬가 고르게
피어나게 하시려면 막음하실 때 주의하셔야 합니다. 뜨고 계신 바늘보다
2~3mm 더 굵은 6~7mm 바늘로 코막음하시면 편리합니다. ^^

오른쪽 앞판

 왼쪽 앞판을 완료 하셨다면 바늘에 걸려있는 87코의 오른쪽 앞판을 마무리 해 주시면 됩니다. 왼쪽과 마찬가지로 무늬 2 차트를 참고하시며 소매를 90단 더 떠주세요. 그리고 소매쪽의 36코를 코막음하신 후, 남은 51코를 무늬 2로 70 단 떠주세요. 마지막으로 앞판의 끝단 무늬를 29단 뜨신 후 느슨하게 코막음 해 주시면 됩니다.

마무리

 예쁘게 블락킹 혹은 스팀을 주셔서 편물이 고르게 펴지고 무늬가 피어나도록 해 주세요.
 그리고 나서 43코 코막음 했던 곳을 중심으로 옷을 반 접어서 몸판이 맞닿는 부분과 소매 밑이 맞닿는 ㄱ자 부분을 꿰매어 주세요.

앞섶 피콧뜨기

 앞판과 뒷목 라인을 따라 피콧뜨기로 단처리를 해주시면 됩니다. 피콧뜨기 하는 법은 뜨개노트 14장을 참고해 주세요!

 남은 실꼬리를 보이지 않게 정리해 주세요!

다음 장을 위해 블로킹 중~

Chapter.14

향기 가득한
라일락 가디건 2

감아코 만들기, 피콧뜨기 하는 법

196

콧수랑 단수가 너무 많아서 솔직히 힘들긴 한데요,

예쁜 무늬가 피어나는걸 보면 멈출 수가없더라구요~

우와~ 직접 뜬거야? 우와 짱당!

그리고 사람들의 반응을 상상하면 이 정도 콧수의 압박쯤은 참을 수 있어요…!

레이스 무늬는 있어보이니까~

우와.. 음흉해

으헤헤

츄릅~

소매 직전까지 뜨고나면 코를 늘려서 소매를 만들라고 하잖아, 이렇게 많이 수평으로 늘리려면 어떻게 해?

오- 그건 '감아코' 로 늘려 주면 돼~

뜨다가 중간에 '코만들기'를 하는 셈이야

우옷! 중간에 코를 만든다구?!!

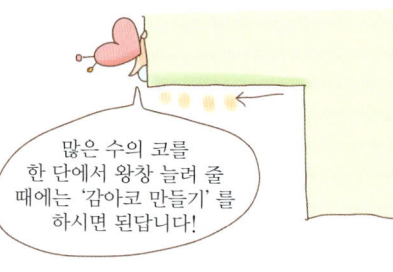

〈감아코 만들기하는 법〉

많은 수의 코를 한 단에서 왕창 늘려 줄 때에는 '감아코 만들기'를 하시면 된답니다!

감아코 만드실 때에는 **엄지손가락**을 활용해 주세요!

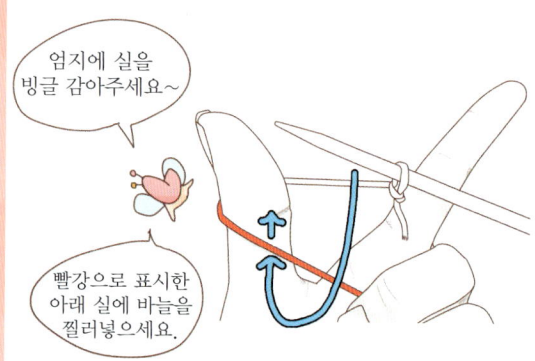

엄지에 실을 빙글 감아주세요~

빨강으로 표시한 아래 실에 바늘을 찔러넣으세요.

뜨개질 하던 실에 왼손 엄지를 넣어 그림처럼 당겨주세요. 그리고 빨갛게 표시한 바깥쪽 실에 바늘을 밑에서 위로 찔러넣어 주세요.

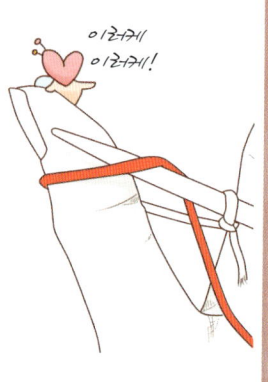

이러케 이러케!

이러케 이러케요!

실을 이쁘게 당겨주시면 감아코 완성!

엄지를 빼시고 실을 적당히 당겨 주시면 감아코 1코가 완성됩니다. 필요하신 콧수만큼 반복해 주세요!

바늘 또닥 또닥

며칠동안 잘 못잤어요…

다…다떴…다!!
흑흑 오래걸린 만큼 뿌듯하긴
엄청 뿌듯하네요…!!

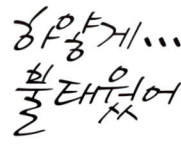

하얗게…
불태웠어

[알몸 아님]

200

앗차!!
다 뜨셨다면 옆선을 꿰매기 전에
꼭 블락킹을 해주세요~~

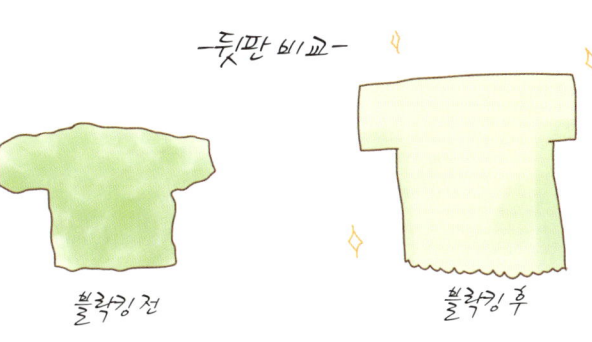

블락킹 전   블락킹 후

블락킹 전에는 코들이 고르게 펴지지 않은 상태에요.
그래서 블락킹 전, 후에 길이도 차이가 난답니다!
(레이스 무늬라 블락킹 전후 차이가 더 확실해요)
옷을 만드실 때에는 꼭 꿰매기 전에 스팀이나
블락킹을 하시고서 앞뒷판을 연결해 주세요~

이대로 착용하셔도
좋지만~ 뭔가 아쉬워요~

이야~
나풀나풀~

그리고 목부분!
중간에 코막음 했잖아요…
요기에 코가 늘어진 부분이 보여서
감추고 싶어요.

목부분에
아름다움과 힘을
동시에!!
피큿!!

건강 보조 식품
광고 카피 같아…

201

< 피콧뜨기(피콧 코막음)하는 법 >

피콧뜨기 하는 법은
사진으로
보여드릴게용~

코막음을 2코 한 상태에요.
오른쪽 바늘에 1코가 걸려있는 게
당연한 상태입니다. 요 오른쪽 바늘의
코를 왼쪽 바늘로 옮겨주세요.

왼쪽 바늘에 코를 옮겨주고, 여기에
감아코 만들기로 2코를 더 만들어
주세요(걸어둔 코 오른쪽으로요).

감아코를 요래요래~~

감아코로 2코를 만들었어요~
요 감아코 2코와 처음에 왼쪽 바늘로
옮겼던 1코를 모두 코막음 해야 해요.

감아코를 뜨고…

감아코를 처음 왼쪽 바늘로 옮겼던 코에
덮어 씌운(코막음 한) 모습이에요.
왼쪽 바늘의 4코를 더 코막음 해 주세요.
그러면 피콧 하나 완성이에요!!

202

피콧뜨고 나머지 4코를 코막음한 모습이에요.
다시 오른쪽 바늘의 1코를 왼쪽 바늘로 옮겨 주고
왼쪽 바늘에 감아코 2코를 만들고 코막음하기를
반복하시면 됩니다~

왼쪽 바늘로 1코 옮겨 주고~

감아코로 2코를 만들고

코막음하면~
뽈록뽈록 예쁜 피콧이 뽕뽕~

〈라일락 가디건 앞섶 피콧뜨기 하는 법〉

라일락 가디건을 다 뜨셨다면, 먼저 블락킹을 하시고 옆선을 이어주신 후 목부분의 피콧뜨기를 해주세요~

라일락 가디건의 앞섶~목~앞섶의 피콧뜨기하는 방법입니다.

1. 새로 실을 연결하여 한쪽 앞섶을 따라 144코, 목부분에서는 40코를, 다른 쪽 앞섶에서는 144코를 주워주세요.

   (코줍기하는 방법은 뜨개노트 5장을 참고해 주세요~)

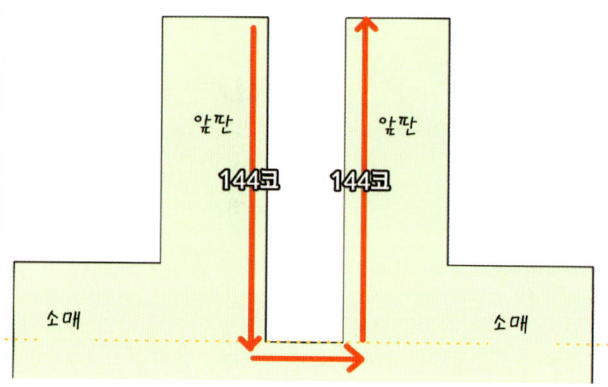

2. 총 328코를 다 주으셨다면 겉뜨기로 1단 떠주세요.

3. 그리고 피콧뜨기로 코막음을 해주세요.

4. 2코 코막음, 피콧, 4코 코막음, 피콧, (4코 코막음, 피콧) 순으로 뜨고 괄호를 끝까지 쭉 반복하시다가 (80회) 마지막에 남은 2코를 코막음 해 주세요.

5. 남은 실꼬리를 안보이게 감춰주시면 완성입니다~!

우와아~ 피콧뜨기~
모양은 정말
우와아~~ 인데…

뜨는 과정은 완전
으…와— 잖아…
오래 걸릴 것 같애!!

허허

확실히 피콧뜨기는
귀찮고 시간이 많이 걸리는
편이기는 해… 하지만,

귀찮아아아아아아ㅏ

으르렁~

다른 사람들이 보고나서
얼마나 감탄하겠니!
우와 예쁘다~ 하면서 말야.

웟…!

**아름다움과
남들의 탄성을
동시에!**

전혀
힘들지
않습니다!

힘내서 완성했습니다!! 칭찬해주세요~ ^^;;

다음에는 비닐봉지로
진정한 에코백을 떠보아요~~
비닐봉다리, 택배봉투~ 예쁜색깔 봉투를
모아둬야겠어요~!

야호~
과자샀어~

다음 장도 기대해 주세요~!!
뜨개뜨개~!

Chapter.15

진정한 에코백 만들기

비닐봉투로 만드는 재활용 뜨개 소품

한동안 "에코백"이란 이름의 장바구니가 인기였죠!! 장보고 난 물건을 에코백에 넣어가니 비닐봉투가 필요없는~ 친환경 쇼핑을 위한 에코백~!

뭐가 잘익었나~

근데 에코백을 사려고 보면 가격이 만만치 않더라구요!!! 이 가격이면 실이 몇 볼인데!!!!

그 와중에 실값을 생각하다니!

아닛!

가격 비싼 에코백들… 그렇다고 딱히 재활용 소재도 아니구요, 단순히 장 볼 때에 비닐봉투 대신이 되어주는 것 말고는 친환경, 에코라는 이름이 아깝더라구요…

그것도 그렇네~

쇼핑을 좋아하기는 하지만… 쇼핑을 위해 비싼 장바구니를 쇼핑하다니! 뭔가 이상하다구요…

뭔가 찝찝하다..

그래서…

오웃 멋진데!!

낭비없이!!
비닐봉투를 재활용해서
진짜 에코백을
만들어 보기로 했어요!!!

근데 요새는
비닐보단 종이봉투를
많이 주던데?

으응…
덕분에 비닐봉투
모으기가
쉽지 않았어…

＊이 자리를 빌어 봉투를 (그것도 예쁜봉투들!) 엄청 제공해주신
꽃자리 선생님들께 무한한 감사를 드립니다!!

27cm

35cm

필요한 재료들

비닐봉투
(보통 사이즈 25개 정도
사용했어요!)
엄청 많이 썼다…

8mm
줄바늘

가위

돗바늘

빵집 봉투들

동대문에서
실사고 받은
까만 봉투

(실 주문하고 받은)
택배 봉투

제가 모은
봉투들이에요~

* 빵이나 음식을 직접 담았던 봉투는 피하세요!!

오~ 왠지
라이프 스타일이 보이는 걸…!
빵순이에 맨날 실만 사는군요…

헉?!

봉투는 시장이나
슈퍼에서 확– 뜯어주는
얇고 부드러운 봉투가
제일 좋아요~

요런 비닐이
뜯을 때에 손이
안아프거든요!

택배 봉투나 살짝 힘있게 각잡힌
봉투들은요, 뜯을 때에 코가 딱딱하고
뾰족해져서 손이 무지 아파요
끄아아아아아~~!!

그대신
튼튼하고 색이
예쁘긴 해요

손을 제물로 바쳐서
튼튼함과 예쁨을 얻는거죠…?!

먼저, 비닐로
실을 만드셔야 겠지요~!

물~ㅋ
감아놓으니 그럴싸한데~

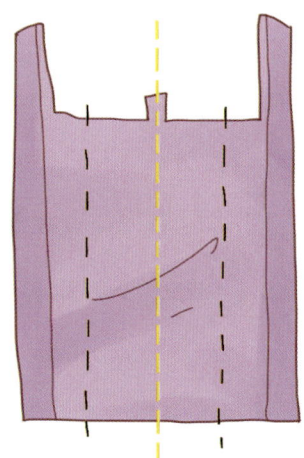

봉투를 예쁘게 펴서 정리해주시고
세로로 두 번 접어주세요.

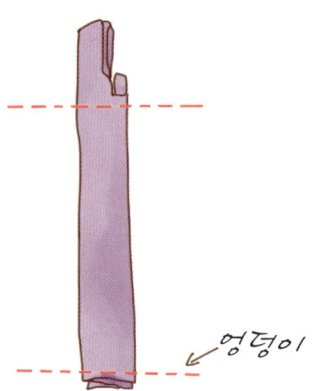

엉덩이

봉투의 손잡이 부분과 엉덩이를
잘라버리세요!

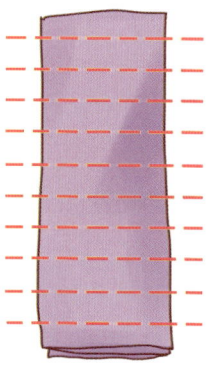

가위로 1.5cm~2cm 너비로 잘게
잘라주세요.

그러면 이렇게
고리 형태가 될 거에요~

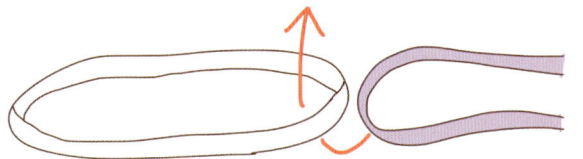

고리 하나에 또 다른 고리를 반쯤 통과시킨 후

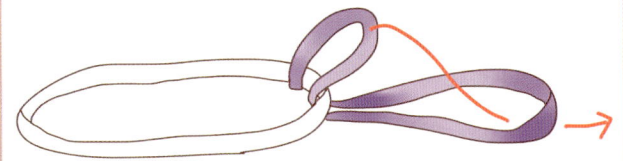

화살표대로 한쪽 고리를 통과시켜 쭉 당겨주세요.
＊너무 세게 당기면 끊어질 수 있으니 주의해 주세요!

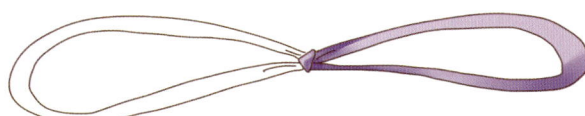

쨔쟌~! 묶지 않아도 간단히 연결이 되어요~

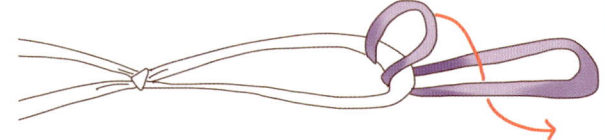

위와 같은 방법으로 계속해서 고리를 연결해 주세요~
쉽고 간단하게 비닐끈이 길게 이어지죠?
이 비닐 "실"로 평소 뜨개질하실 때 처럼
뜨개질을 하시면 된답니다~

외국 블로거들이
이어준 비닐끈을 뜨개실처럼
감아뒀길래, 저도 따라서
감아봤는데요,

만드는 방법~

1. 평소 뜨개질하실 때와 똑같이, 비닐실로 30코
   잡으시고 가터뜨기(앞면, 뒷면 모두 겉뜨기)로
   원하시는 가방 높이의 2배가 될 때까지 뜨개질을
   해 주세요.

2. 비닐을 이어주면서 뜨시다가, 편물이 반
   접었을 때에 원하는 가방 사이즈가 되었다면
   코막음 해 주세요.

3. 반 접어서 양 끝을 꿰매어 이어주세요.
   가방이 워낙 두툼하기 때문에 꿰매서 뒤집지 않고,
   꿰맨 부분이 보이도록 겉에서 꿰매주었습니다.

4. 가방끈은 새로 50코를 잡아서 가터뜨기로 3단 뜬
   후 코막음 해 주세요. 총 2개를 만들어 가방에
   연결해 주시면 완성입니다~!!

손에서 놓자마자
엄청 멋있고 빠르게
풀려버리더라구요!!!

오~
나선환ㅋㅋ

피라락~

봉투 하나만 잘라서 쭉~ 연결해 주시고, 뜨는
동안에는 뜨다가 실이 모자라면 그때 그때 봉투를
잘라 연결하며 뜨시는 걸 추천합니다…!

215

크아흐~
독특한 느낌으로 만들어지는 건
좋은데… 조금 빳빳한 봉투는
뜰 때에 손이 너무너무 아파요…

빳빳해서 손이 아픈 봉투는
자를 때에 너비를 좁게 자르면 훨씬 편해요!
너비를 0.8cm~1cm 정도로 해주면
손이 덜아프답니다~

0.8cm~1cm

질긴 택배 봉투는
사과껍질 안끊기게 깎듯이
나선형으로 길~게 빙글빙글
잘라주세요~
두 겹이면 손 부서져요…

한겹으로 떠도
무지 손아파요

나선형으로 자르는 게
너무 지겨우시다면, 봉투 양끝을
잘라서 평면으로 펴서 아래 그림처럼
잘라주세요~

너비는 1.5cm 정도 되게 자르세요~

1.5cm
정도

끝을 4~5cm 남기고 잘라주면
요런 모양으로 길~게 이어진 끈이 되어요~
4~5cm 남겨 준 부분이 뜰 때에
나풀나풀한 포인트가 된답니다!

우와~!

4~5cm
남긴 부분

요런 나풀대는
부분이 4~5cm남겨준 부분이랍니다!

나풀대는 포인트가 있는 부분은
밑바탕을 깔끔하게 하여 포인트를 부각시키려고
메리야스뜨기로 떴어요~!

색이 다른 비닐을
번갈아가며 연결시키는것도
재밌는데~

연결하는 건
나야!

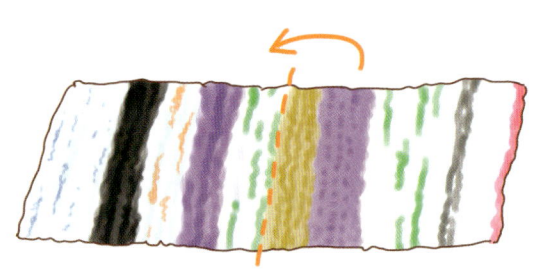

원하는 가방 높이의 2배 길이로 뜨고 나면,
반 접어서 양쪽 옆선을 꿰매주세요.

가방이 워낙 두툼 뻣뻣해요. 그래서 꿰맨 부분이 안보이게 꿰맨 후 뒤집어 주면 너무 두툼해질까봐 저는 대놓고 겉에다 색비닐로 꿰매줬습니다!!

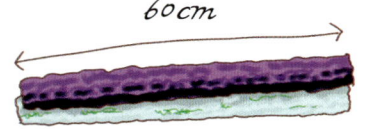

이제 손잡이만 떠서 연결해 주면 완성이에요! 50코를 잡아 가터 뜨기로 3단 뜬 후 코막음해서 손잡이를 만들어주세요. 총 2장 떠주시면 됩니다.

생각보다 비닐이 많이 들어서
조금 당황할 뻔했어요 ㅋㅋ;
굉장히 가볍고, 대바늘 니트라 그런지
살짝 늘어나서 장 볼 때에 생각보다
많이 담을 수 있었어요.

가까이에서 보면 비닐인 걸 알 수 있어요^^

고생했어~!!
흙 속에서 150년 걸려야
분해된다는 비닐 봉투에
새 생명을 준거야~!!

하하하하하
우리 강산은 우리 손으로
지켜야 하는 것
아니겠어!

자연은 우리의 소유물이
아니라 공존의 대상이며
후손에게 물려줄 재산이니까!!
재활용 뜨개질로 우리 자연
우리 손으로 지키는 거야!!

비록 손이 무진장
아프지만…
가방도 생각보단
작지만…

우리 강산 푸르게 푸르게~

* 뜨개노트는 환경부의 추천만화 선정을 언제나 환영합니다!!

Chapter.16

즐거운 염색 놀이 I

음료로 염색을 ?!

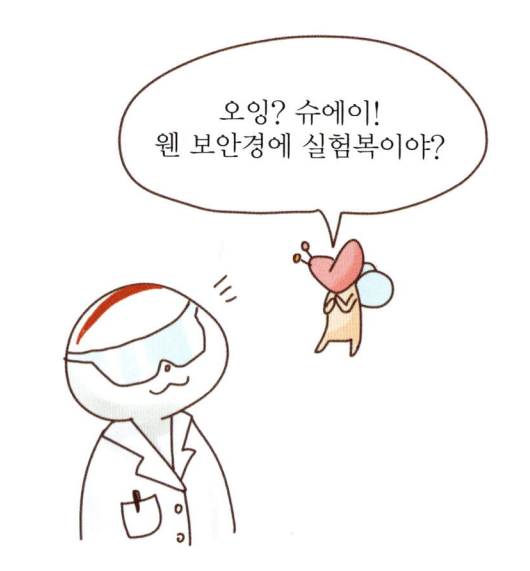

헉!

출렁

실험복(=앞치마) 입고 있어서 문제 없어요!

여러분도 렛츠 실험복!

좋아하는 차, 음료를 뜨개실로 간직하고 싶지 않으세요?

오옷~ 차염색!

커피
무진장~ 5배쯤 진하게
(양은 실이
푹 잠길 정도)

홍차
진하게 진하게~

식초
한두 빤 꼴꼴
부을 만큼

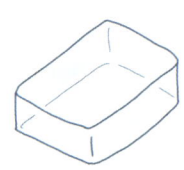

내열 용기

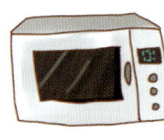

전자레인지

빈센트(3P)
1볼
2가지 화이트

천연 염색을 하실 때에는 꼭 천연섬유의 실을 선택하세요! 합성섬유는 염색이 안된답니다!! 그리고 동물성 섬유가 가장 선명하게 염색이 되요.

빈센트는 올 95%라서 염색이 잘되요~

양털(울), 알파카, 실크 등등~

먼저 실을 물에 푹 적셔주세요. 그리고 꾹 눌러 물기를 어느 정도 제거해 주세요.

적시는 이유는 차용액을 골고루 흡수 시키기 위함이에요. 물이 흥건하면 색이 흐려집니다.

실험 시작 시엔 보호구를 착용합시다.

식초는 염색이 잘 되고 색이 잘 빠지지 않도록 도와준대요~

내열 용기에 적신 실을 담아주세요.
절대 마시지 않을 정도로 시커멓게 우려낸 차/커피에
식초를 '꿀럭 꿀럭' 하고 한두 번 정도 부어
섞어 주세요(1~2 티스푼 정도).
적신 실을 담은 내열 용기에 실이 반 이상 잠기도록
식초 섞은 차/커피를 부어 주세요.

실이 차/커피를 골고루 흡수하도록 꾹꾹 눌러 주세요. 절대로 비비거나 거칠게 자극주시면 안됩니다.

마찰/자극은 양털의 천적이에요! 자극을 너무 심하게 주면 부직포처럼 딱딱해지고 줄어들게 되버려요!

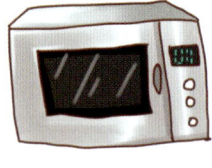

이제 전자레인지에 내열 용기를 넣어준 후 물이 아주 뜨거워 질 정도로 데워주세요.

전자레인지가 없으시다면 내열 용기대신 냄비에 실, 커피, 식초를 넣고 약한 불로 데워주세요. 끓기 전의 온도로 뜨겁게만 데워주세요.

※ 펄펄 끓이지 마시고 뭉근~히 온도만 올려주세요.

전자레인지 속에서 뜨거워진 용기를 식혀주세요. 뜨거우니 조심하셔요!

앗뜨!
핫뜨!

※ 실온이 되도록 완전히 식히신 후, 다시 한 번 전자레인지에 돌려 주면 좀 더 확실한 색을 얻을 수 있어요.

뜨거워진 차가 완전히 식고 나면 실을 미지근한 물에 조물조물 빨아주세요.

헹굴 때도 비비는 등 심한 자극을 주시면 아니되어요~!

※ 헹굼물이 맑아질 때까지 조물조물 빨아주세요!

우와아~!!
커피로 염색하니
라떼 색깔이 되었어~!!!!!!!

달콤   달콤

저는 여러 가지 색으로 실험을 해보고 싶어서
실을 소량으로 따로 감았어요.

왼쪽이 홍차(얼그레이)   오른쪽이 커피

위쪽이 홍차 염색,
아래쪽이 커피 염색 직후의 모습이에요~!

진짜로 색이
물들다니!!
완전 재밌어요~!

이번 주제가 '음료'로 염색하기 잖아요?! 색이 있는 음료수도 준비해 봤어요! 실험복을 입었으니 실험 정신을 발휘해야겠죠!?

파워음료   갈증해소스레이   언제 챙겨둔겨!

젖은 실을 내열 용기에 넣고, 식초 2꼴꼴과 스포츠 드링크를 부어주세요~

꼴 꼴   꼴꼴

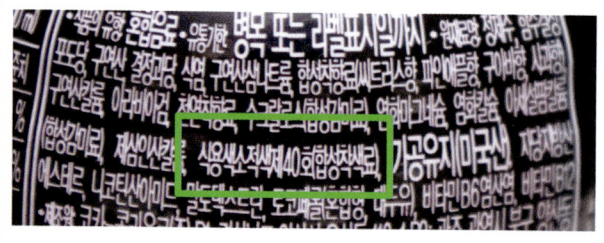

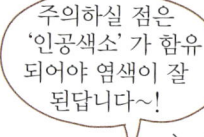

주의하실 점은 '인공색소'가 함유되어야 염색이 잘 된답니다~!

천연색소로는 염색이 잘 안되요….

빈센트(3p) 화이트, 내열 용기, 갈증 해소 음료 파랑으로 염색 시도~!

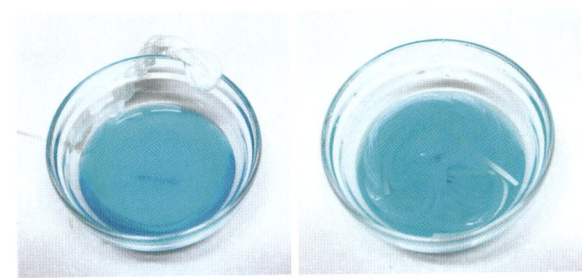

염색 전에는 이렇게 선명한 파랑이에요~

전자렌지로 가열 후, 실이 염료를 쏙~ 흡수했어요.
남은 물이 거의 투명해졌어요! 우왕 신기~!

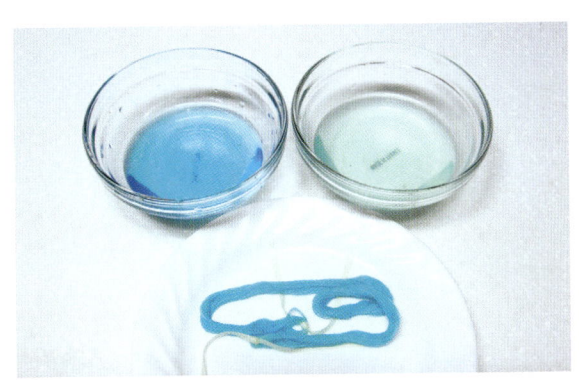

염색 전의 음료와 염색 후의 음료의
색상이 확 차이나요.

신이난 저는 빨간 음료도 구입한 것입니다… ㅋㅋ

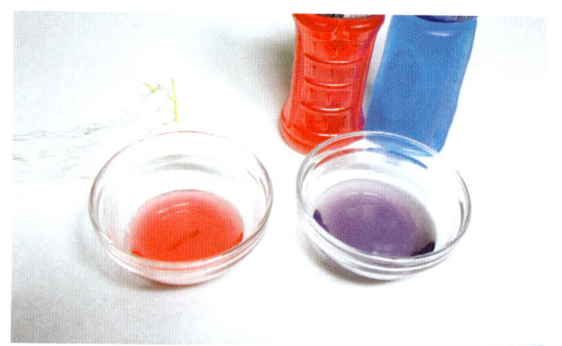

그리고 빨강, 파랑 두 음료를 섞어
보라색도 만들었어요!

빨강 염료가 훨씬 흡수가 잘되는 군요~
남은 물이 거의 투명해졌어요!

그러데이션에도 도전해 봅니다!

짠!!!

〈 합성 식용 색소 염색 〉

홍차+커피
그러데이션

커피

홍차(얼그레이)

콜라ㅋㅋ

염색 전 화이트

〈 홍차와 커피 염색 〉

232

베이킹/아이싱용 색소, 물에 타먹는 가루도 좋아요~

천연색소는 선명한 색을 얻기 힘들어요!

베이킹용 식용색소

가루 식용색소

에이드 가루

식용 색소는 천연 색소가 아닌 화합성 색소로 준비해 주세요~!

다음 장에서 계속 맛있고(?!) 즐거운 뜨개놀이해요~!!

Chapter.17

즐거운 염색 놀이 2
식용 색소 염색 놀이!

237

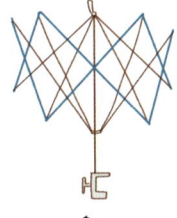

빈센트 리치
혹은 로트렉
흰색

내열용기

전자레인지

식초
한두 번 꼴꼴
부을만큼

식용 색소
혹은
에이드가루

물레

와인더

준비물 중에
물레와 와인더는
꼭 필요하진 않아요~

물레가 있으시면
볼 형태로 감겨있는 실을 타래로
만드시기 편해요! 염색할 면적이 길고
넓어야 작업하기가 수월하거든요!
저는 빈센트 리치를 물레를 이용
해서 타래로 감았어요.

이렇게 물레를 빙글빙글 돌리면 실이 감겨요~

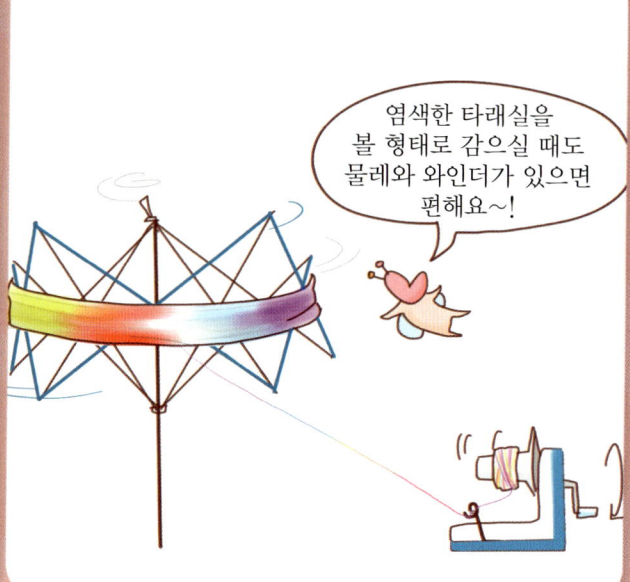

염색한 타래실을 볼 형태로 감으실 때도 물레와 와인더가 있으면 편해요~!

물레가 없을 때 실을 길게 타래로 감으시려면, 무거운 페트병 두개를 적당한 간격으로 세우시고 실을 감으셔도 된답니다.

그래도 도구가없으니 매우 힘들군요;

* 실을 자주, 혹은 많이 감으실 분, 그리고 타래실을 자주 구매하시는 분들께서는 물레와 와인더를 하나씩 장만하시기를 추천합니다… 정말 편해요~!!

염색하시기 위해 굳이 실을 넓게 감지는 않으셔도 돼요~ 볼 형태 그대로 염색할 수도 있지요~

식초 5% 정도 섞은 물에 흠뻑 적신 실을 내열 용기에 담아 주세요.

그대신 염색간격이 줄어지죠.

※이번엔 물기를 너무 꼭 짜지 않으셔도 된답니다! 물기가 적당히 홍건해야 아래쪽(실뒷면)까지 염료가 잘 스며들어요~

239

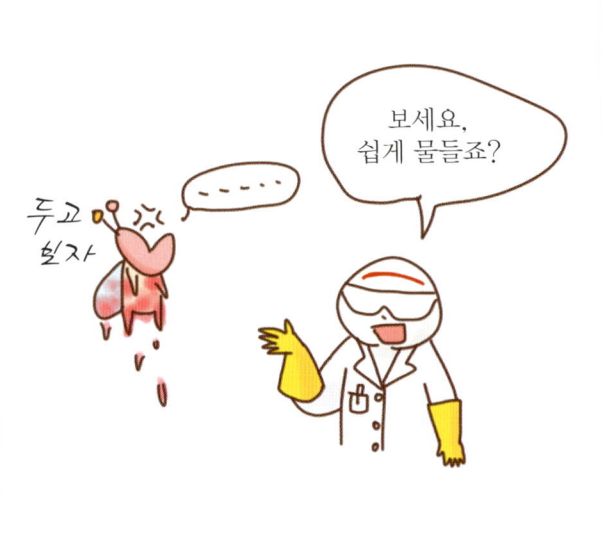

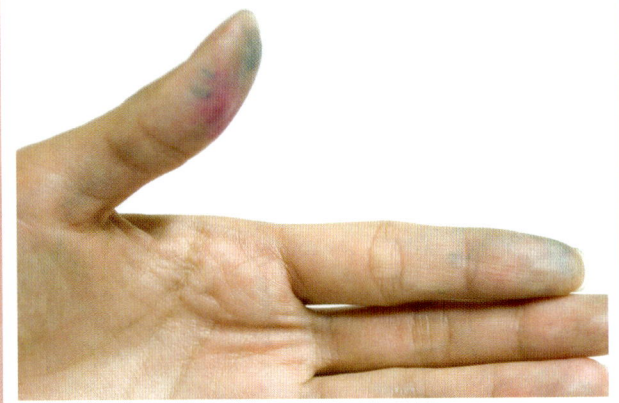

화려해진 손가락 보이시나요…
비누로 닦인다고 해도 찜찜해요…
거기다 이 손으로 다른 걸 만지다가
다른 실, 옷 등에 염료가 물들면
잘 안지워져요. 장갑을 항상 착용해 주세요!!

내열 용기에 식초물에 흠뻑적신 실을 담으셨나요? 이제 진하게 희석한 식용 색소를 마구 흩뿌려 주세요!!

한가지색 염색은 이제 재미없어요!

휴~ 씻고 왔어요!

바늘없는 주사기가 있으시면 원하는 위치를 정확히 노릴 수 있습니다!!

저희는 주사기 없길래 그냥 숟가락으로 뿌렸어요.

색소를 잘 뿌린 실을 아주아주 뜨거워지도록 전자레인지에 돌리세요~ 왠지 3분 요리 기다리는 듯한 설렘~ 음~

웡~

전자레인지에 들어가기 전~!

전자레인지에 다녀온 후! 색이 좀 번졌어요~

앞면　　　뒷면

헹궈서 말린 후의 모습이에요~!

오예스!
예스!!

좋아, 이번에는요!
염색실의 로망!!!
여러 색 그러데이션도
해볼래요!!

〈그러데이션 염색하기〉

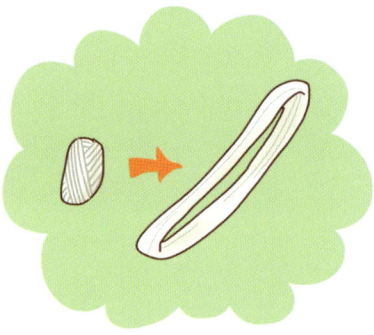

볼 형태의 실을 타래가 되도록
길게 길게~ 다시 감아주세요.

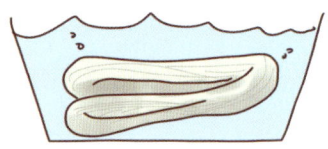

식초 섞은 물에 푹 적셔주고, 물기를 꼭 짠 후

냄비에 원하는 색을
진하게 풀어 넣고 뜨겁게 데우고요,
실을 일부분만 담궈주세요.

일부분만 담그니
냄비에 물을 많이
넣지 않으셔도
됩니다!

〈끓지않게 약불〉

원하는 만큼 색이
물들면, 냄비에 새로운
색상을 넣고 뜨겁게 데운 후,
실을 돌려 다음 부분을 넣고
염색해 주세요.

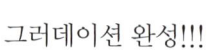
그러데이션 완성!!!

팬지꽃
컨셉이에요~

염색된 실을 물에
헹궈서 말리려고 널어뒀어요!
빨리 마르면 좋겠어요~

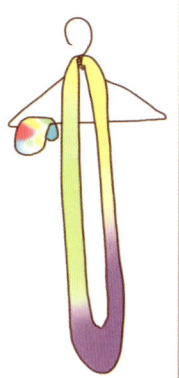

후후~ 기본적 기법의
염색을 해봤으니,
제 안의 아티스트 혼을 깨울
차례로군요…!

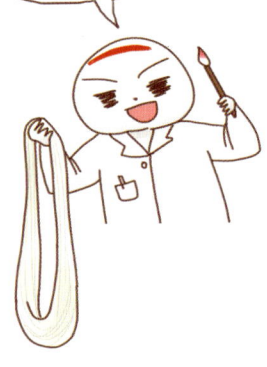
붓을 이용해서
실을 물들일 거에요!! 외국에서는
붓으로 원하는 컬러를 원하는 위치에
물들이는 이런 기법으로 염색한 실을
hand painted yarn이라고 해요!

근데 대부분의
hand painted yarn은
재미없게 줄무늬로만
염색하더라구요!

이왕 붓을 들었는데,
실 위에 그림을 그려
보자구요~!!!!

245

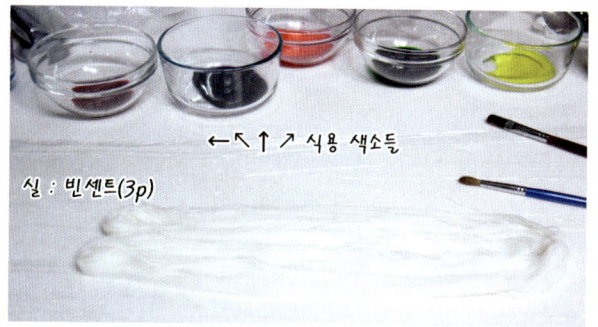

《 *hand painted yarn : 실 위에 그림그리기* 》

식용 색소들

실 : 빈센트(3p)

핸드 페인트를 하기 위해서는 먼저 바닥에 랩을
길고 넓게 깔아주세요! 그리고 식초물에
적셨다 꼭 짠 실을 잘 펴주시구요.

색소를 진하게 녹인 물을 붓으로 찍어
그림을 그립시다~
'비오는 하늘 아래 싱그런 나뭇잎과
우산들' 이란 컨셉이에요^^;
염료가 바닥 부분까지 잘 스며들게
진하게~ 꾹꾹 많이 적셔 주세요.

원래의 의도^^;

비오는 여름날의 세 우산입니다..
실에는 색이 좀 번져서 섬세하게
그리긴 힘들더라구요.
(왜 줄무늬로만 염색하는지 새삼 깨달았어요. ㅋㅋ)

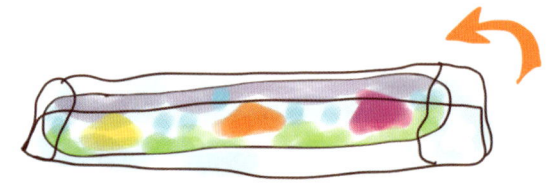

원하는 그림을 다 그리셨으면,
바닥에 깔았던 랩으로 실을 꽁꽁 잘 싸주세요.

그리고 적당히 둘둘 말아서

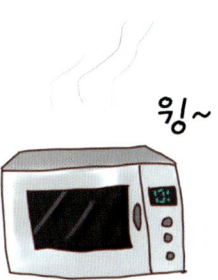

윙~

전자레인지에서 뜨거워지도록 2~3분 돌려주세요!

전자레인지에서 꺼낸 후엔 펴서 완전히 식혀주시고
미지근한 물에 잘 헹군 후 말려주세요!

짠~!
헹군 후 말렸어요~ 접은 위치가 틀어져서 그림이
좀 삐뚤어졌지만
색이 선명하게 잘 염색되었어요!!

타래로 한번 감아 보았습니다!!
알록달록~~

아아~
염색실은 타래로 말아 놓았을
때가 제일 예뻐요~

염색 타래실은
타래일 때, 볼 형태일 때,
뜨개질해서 떠봤을 때 마다
느낌이 확확 달라져!

〈 팬지 그러데이션 〉
타래일 때

〈 팬지 그러데이션 〉
와인더로 볼 형태로 감았을 때

〈 팬지 그러데이션 〉
뜨개뜨개 했을 때!

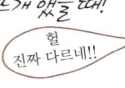

헐
진짜 다르네!!

〈비 오는 날의 세우산〉
타래일 때

〈비 오는 날의 세우산〉
와인더로 볼 형태로 감았을 때

처음 흩뿌려 염색했던 실   비 오는 날의 세우산
                              핸드 페인트 실

염색실은 감겨
있는 것만 볼 때랑
떠봤을 때의 느낌이 많이
달라요!

Chapter.18

빙글빙글 장미꽃 뜨기

그러면 꽃이 불쌍하잖아~!

나 꽃 좋아하는데 갖고픈데…

좋아~ 그럼 슈에이를 위해 쥬시~한 꽃을 만들어 볼까?

꺄~ 니트러브 짱짱맨~!

머리핀, 머리끈, 브로치로~ 다양하게 활용할 수 있어요~!

필요한 재료들

몽블랑 스탠다드
원하는 색깔1볼

5mm
줄바늘

돗바늘

옷핀

혹은

머리끈

간단하고 귀여운
빙글빙글 장미를
만들거에요~!

기대
기대

만드는 방법~

〈빙글 장미꽃 만들기〉

1. 작은 꽃은 20코, 큰 꽃은 35코를 잡으세요.
2. 가터뜨기(겉면 뒷면 모두 겉뜨기)로 8단을 뜨세요.
3. 코막음을 하지 말고 실을 30cm 정도 남기고 자르세요.
4. 자른 실을 돗바늘에 끼워 바늘에 남아 있는 코들 속으로 쭉 통과시켜 주세요.
5. 통과시킨 실을 당겨 코들이 오므라들도록 잡아 당겨주세요.
6. 오므라든 뜨개 조각을 돌돌 말아가며 돗바늘로 고정해서 장미 모양을 만들어 주세요.

〈빙글 빙글 장미꽃 만드는 과정〉

먼저 코를 잡고,

가터뜨기로
8단 뜨고,

코막음하지 않고 실을 30cm 정도 남기고 잘라
돗바늘에 꿰어 코 사이로 쭉 통과시켜 주세요.

이렇게 돗바늘을 코 사이로 통과시켜 주세요.
끝까지요~!

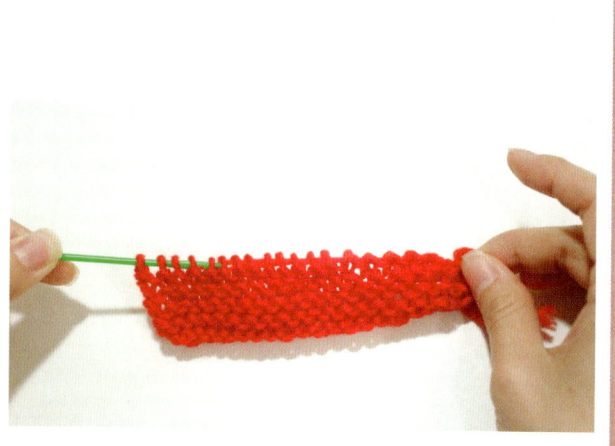

코 속으로 실 끼운 돗바늘을 넣어 쭉 당겨주고…

쫙~당겨
오므려주고

빙글빙글
말아주면서 꿰매
고정시키면~

빙글빙글장미
완성~~!!

〈잎사귀 만들기〉

잎 역시 가터뜨기로 뜹니다.

1. 3코 잡고 2단을 겉뜨기해 주세요.

2. 3단 째에 첫 코와 끝 코에서
   코늘림을 해 주세요.
   (코늘림하는 법은 뜨개노트
   6장을 참고해 주세요~!)

3. 가터뜨기로 3단을 더
   떠 주세요.

4. 7단째에 첫 코와 끝 코
   에서 코늘림을 해 주세요.

5. 가터뜨기로 7단을 더
   떠 주세요.

6. 15단에서 코줄임을 시작
   합니다. 첫 2코, 끝 2코를
   왼코 겹치기(겉뜨기로 2코
   한꺼번에 뜨기)로 떠주세요.

7. 가터뜨기 3단을 떠 주세요.

8. 첫 2코, 끝 2코를 왼코
   겹치기로 떠 주세요.

9. 겉뜨기로 1단 후 마지막 3코는
   중심 3코 모아뜨기로 뜨시고
   코막음 해 주세요.(중심 3코
   모아뜨기 하는 법은 뜨개노트
   10장을 참고해 주세요~!)

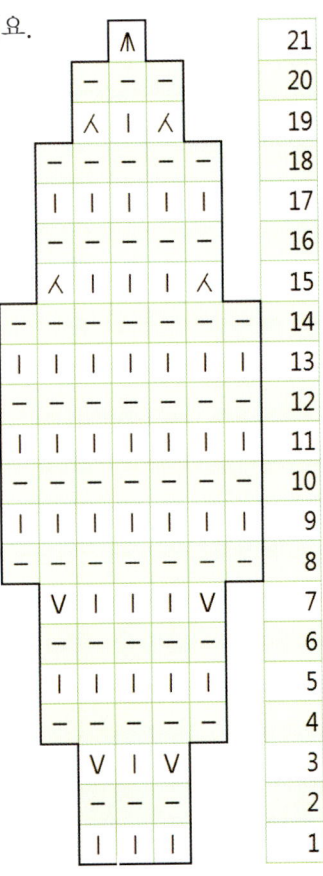

		21
		20
人 I 人		19
—		18
I I I I I		17
—		16
人 I I I 人		15
—		14
I I I I I I I		13
I I I I I I I		12
I I I I I I I		11
—		10
I I I I I I I		9
—		8
V I I I V		7
—		6
I I I I I		5
—		4
V I V		3
—		2
I I I		1

V	코늘림
人	중심 3코 모아뜨기
—	가터뜨기
I I I	(모든 단 겉뜨기)

꽃과 잎을
꿰매서 연결하고~

헤헷~
머리핀으로 만들어
봤어요~ 니트러브,
나 어때?

호오~

날이 더워지니
화사하면서 쉬운
소품이 좋아져요~

이글이글

브로치로 만드시면 더욱 다양하게
활용하실 수 있어요!

여름날 햇살 아래에서
머리핀과 머리끈으로 즐거움과 화사함을
더해보세요~!

요런 꽃은 어린 소녀들에게 더 잘 어울릴 아이템이긴 해요~

넘 깜찍하겠죠~!

하지만 내 주변엔 어린이가 없지……

오! 그러면 다음엔 어른을 위한 여름 액세서리를 만들어 볼까?

오옷~!!

얏호~ 다음 장이 기대되는데요! 다음 페이지에서 또 만나요 뜨개뜨개~~!

Chapter.19

여름을 위한 액세서리!

와이어 니팅

262

모처럼 배운 뜨개질인데…
여름에 뜨개 스킬을 묵혀
두는 건 너무 아까워요!!!

여름에도 가볍고 쉽게 뜰 수
있고 시원하면서도 멋진~
그런 아이템은 정녕
없는겁니까~!!

엣헴~
뜨개의 세계에
한계는 없다구~!!

오잉!?

찬란히 빛나는 보석과
시원한 은빛 와이어~
이들로 뜨개질을 하면
멋진 액세서리가
된다구~!

와아~

와이어로 뜨개질을 한다고 해서
이름하야~ '와이어 니팅!!'

오웃~!
빨리 알려줘~!

Wire Knitting~
(Knit with wire)

263

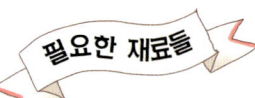

공예용 와이어
0.25mm

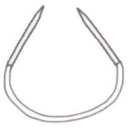

금속 줄바늘
4mm

비즈 22개

O링

팔찌 여밈장식

오잉? 왜 굳이
금속 줄바늘을
써야 해?

와이어가 금속이라
나무 바늘로 뜨면
바늘에 흠집이 생길 수
있거든!

만드는 방법~

먼저 비즈를 와이어에 미리 다 꿰어주세요!

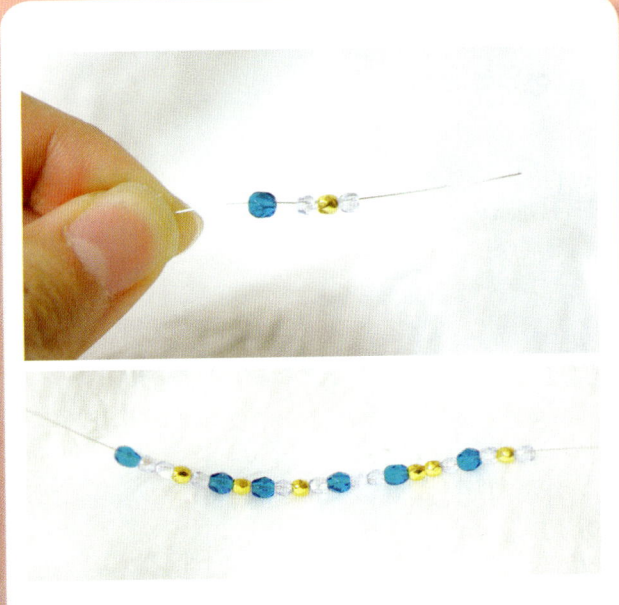

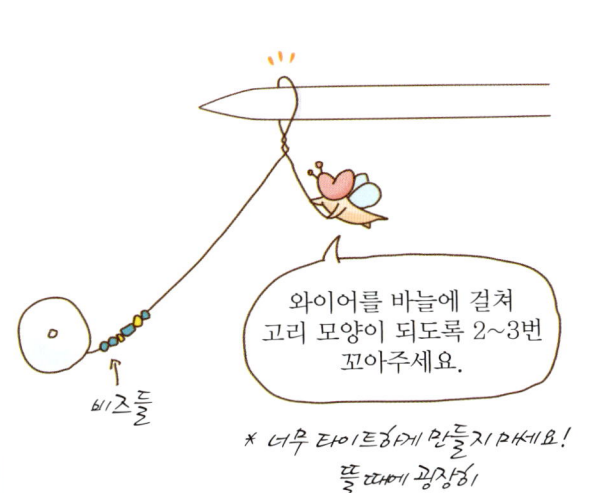

와이어를 바늘에 걸쳐 고리 모양이 되도록 2~3번 꼬아주세요.

비즈들

* 너무 타이트하게 만들지 마세요!
뜰 때에 굉장히
고통스러워집니다;;

엄지를 이용하여 감아코 만들기로 2코를 더 만드세요.

감아코 만들기는 뜨개노트 14장을 참고해 주세요~

265

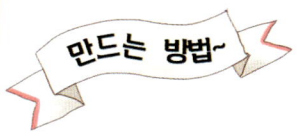

만드는 방법~

1. 전체적으로 가터뜨기가 기본이 됩니다.

2. 도안대로 코늘림 후 늘림, 줄임 없는 평단에서 비즈를 배치해 주세요.
   저는 평단을 25단 정도 해주었지만 원하시는 만큼 자유롭게 길이를 조절해 주세요.

3. 비즈는 코와 코 사이에 배치하시면 됩니다. 단, 항상 겉면에서만 배치해 주세요! 그래야 비즈가 겉면으로 고르게 올라와서 예쁘고 착용 시에도 편합니다.

4. 도안대로 다 뜨신 후 코막음 해 주세요. 잘라내고 남은 와이어 꼬다리는 따끔 거리지 않도록 꼼꼼하게 감아서 잘 정리해 주세요.

5. O링과 펜치로 팔찌 양 끝에 여밈장식을 달아 완성해 주세요!

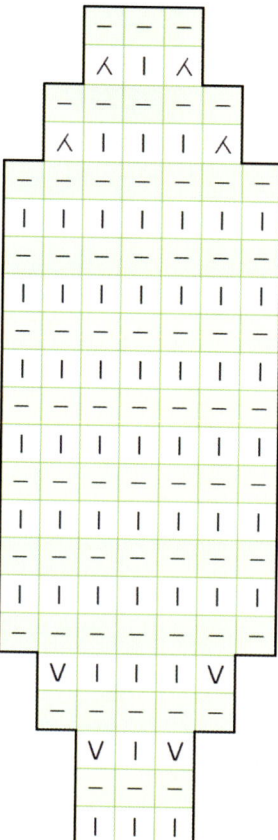

∧	왼코 겹치기
V	코늘림
−	안뜨기(뒷면에서 겉뜨기)
Ⅰ	겉뜨기

잉?!
근데 비즈를 어떻게, 어디다가 위치시키는 거야?

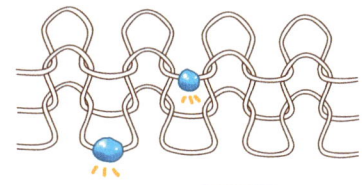

코와 코 사이에 비즈를 놓으면 된다구~
원하는 위치에 비즈를 끌어당겨 바늘쪽에 바짝 위치시키고 다음 코를 뜨면 OK야~!

* 꼭 겉면에서만 비즈를 위치시켜주세요!
그래야 비즈가 고르게 겉으로
예쁘게 정렬된답니다.

266

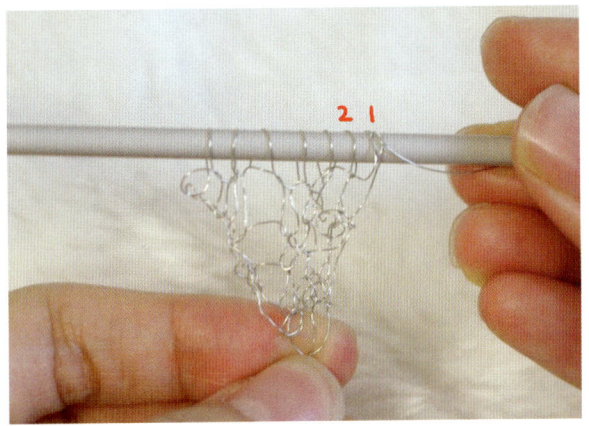

〈원하는 위치에 비즈 배치하는 법〉

1번과 2번 코 사이에 비즈를 배치해 볼게요!

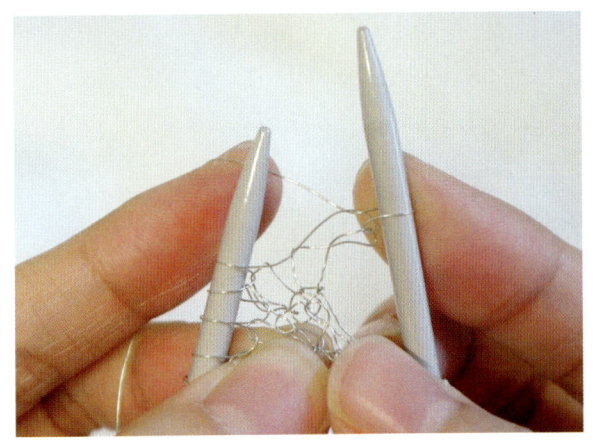

1코를 뜨고

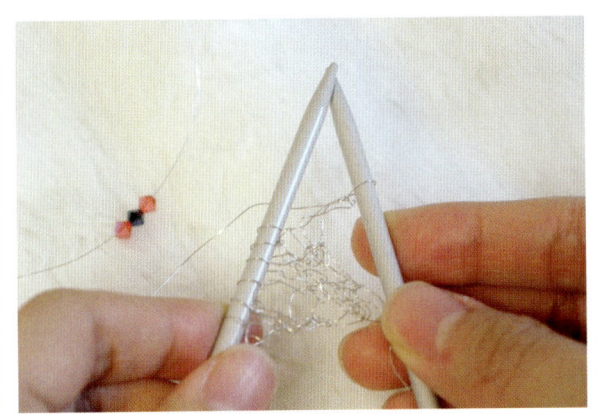

꿰어둔 비즈 중 가장 앞쪽(바늘 쪽)
비즈를 끌어와 주세요.

코뜬 바로 다음 위치까지 쫙 끌어당겨 주세요.

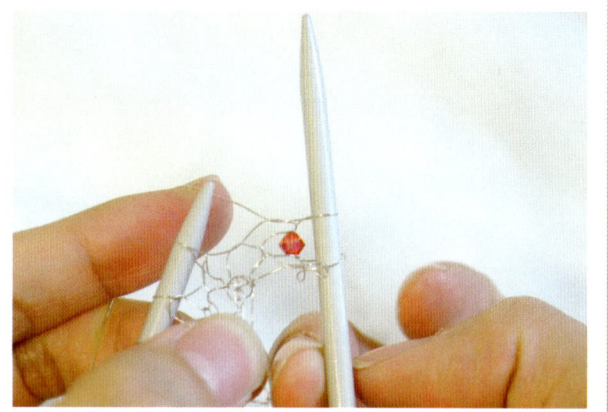

비즈가 넘어가지 않도록 살짝 신경쓰면서
바로 다음 코를 떠주시면 됩니다.

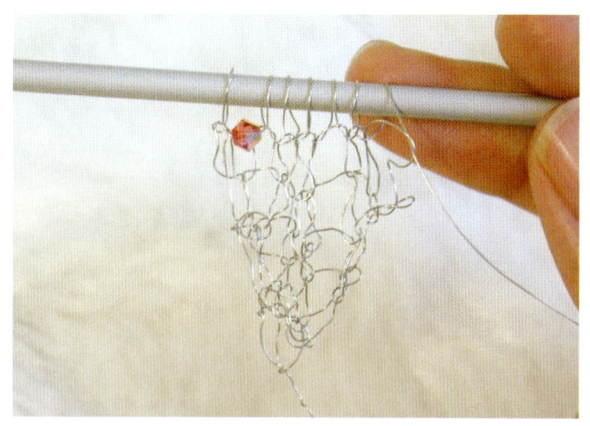

짠~ 코와 코 사이에 비즈가 왔어요~
원하시는 위치의 코와 코 사이에 비즈를
끌어당겨 놓으시면 된답니다~!

다 뜨고나면 O링과 펜치로
팔찌 여밈 장식을
연결해 주면~!

완성~!!
끼얏~

와이어 자체는 탄성이 없지만,
뜨개 조직에는 약간의 탄성이 있어요.

이 와이어 팔찌는 와이어의 고정력과 뜨개의
탄성을 동시에 갖추었다고 할 수 있답니다!

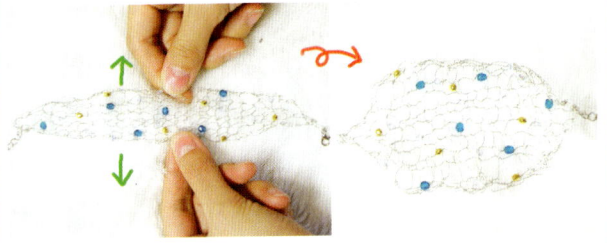

그래서 위 아래로 당기면 너비가 넓어지고
길이가 약간 짧아진답니다!

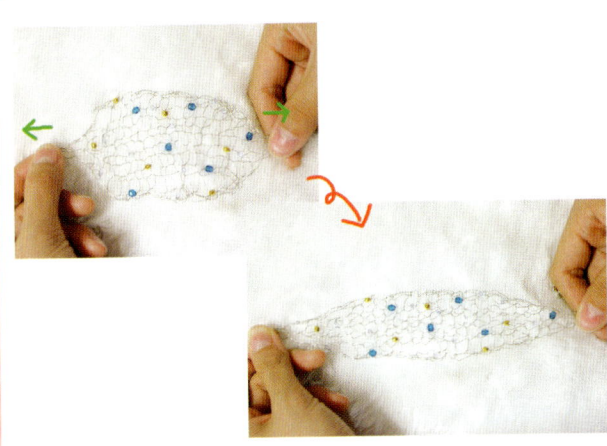

좌, 우로 당기면 너비가 좁아지고 길이가 길어져요.
원하시는 느낌으로 연출할 수 있답니다!

여름이니까 시원한 블루/골드의
비즈로 꾸며보았어요!

조금 더 큰 바늘
콧수를 늘려서
만들었어요.
비즈는 크기나
종류 상관없이
마음에 드는
종류라면 어떤
것을 활용하셔도
된답니다!

흔치 않은 와이어 니팅~
어떠셨나요?
반짝반짝 우아해서
저는 대만족이었어요~

액세서리를 만들어
보았으니 다음번엔
인테리어 소품을
만들어 보면 어떨까요~

그런 의미에서~
다음 장에서는
포근한 인테리어 소품인
러그(매트)를 떠보자구요~

다음 장에서 또 만나요~
뜨개뜨개~~

Chapter.20

북슬북슬 부드러운 발매트

루프뜨기

꺄~
집에서 뒹굴이 하고 싶어지는
계절이 되었어요~!

풀썩~

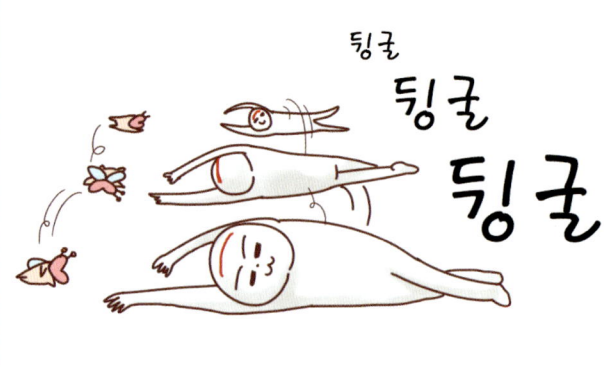

뒹굴
뒹굴
뒹굴

으으-
맨바닥은 너무 딱딱하네요!
뒹굴이하기 쉽지
않은데요…

난 머리가
털실이라
괜찮던데!

얼얼~

좀 더 쾌적한
뒹굴이를 위한 아이템이
어디 없을까?

274

구름처럼 부드럽고
푹신한 매트… 그래!!
예쁘고 부드러운
매트가 갖고싶어!!

와아~

하하하~

게으름을 위해
노력을 하다니…
한편으론 대단한데?!

필요한 재료들

몽블랑 스탠다드
10볼(팩)

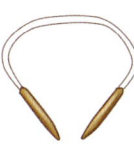

5mm 줄바늘

오옷~
볼록볼록 곱슬곱슬해!!
완전 신기해~!!

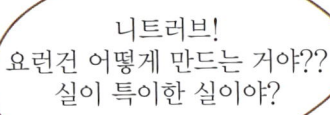

니트러브!
요런건 어떻게 만드는 거야??
실이 특이한 실이야?

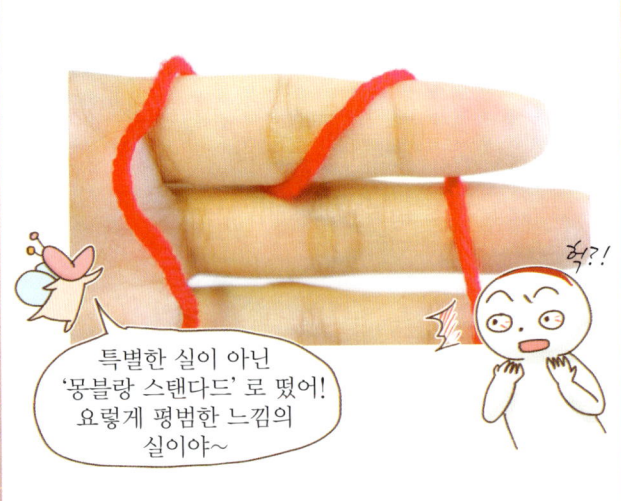

특별한 실이 아닌
'몽블랑 스탠다드' 로 떴어!
요렇게 평범한 느낌의
실이야~

헉?!

이 무늬는
엄지손가락과 바늘만
있으면 만들 수 있어!!
'루프뜨기' 라는 무늬야!

엄지?!

만드는 방법~

* 반복 무늬라 도안은 어떤 구조인지
  이해를 돕기 위해 실제보다 적은
  콧수로 그렸습니다.

1. 45코를 잡아주세요.

2. 가터뜨기로 4단을 뜨세요.
   (겉면, 뒷면 모두 겉뜨기로만)

3. 겉면의 첫 코와 끝 코는 항상 겉뜨기로
   뜨고, 사이의 43코는 겉면에서 항상 루
   프뜨기로 떠주세요.

4. 뒷면은 겉뜨기로 쭉 45코 모두 뜨시면
   됩니다(겉면에서 볼 때에 안뜨기 모양
   이므로 도안에서는 안뜨기 기호로 표시
   합니다.).

5. 원하는 길이만큼 겉면에선 루프뜨기,
   뒷면에선 겉뜨기를 반복하시다가 가터
   뜨기로 4단 뜬 후 살짝 느슨하게 코막음
   을 하시면 완성입니다.

L	루프뜨기
−	뒷면에서 겉뜨기
I	겉면에서 겉뜨기

277

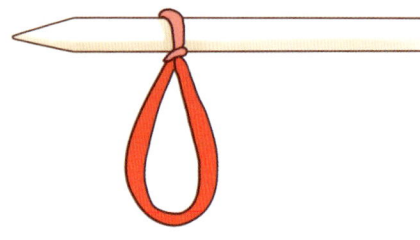

< 루프뜨기 하는 방법 >

첫번째 코로 루프뜨기를 해 볼게요!

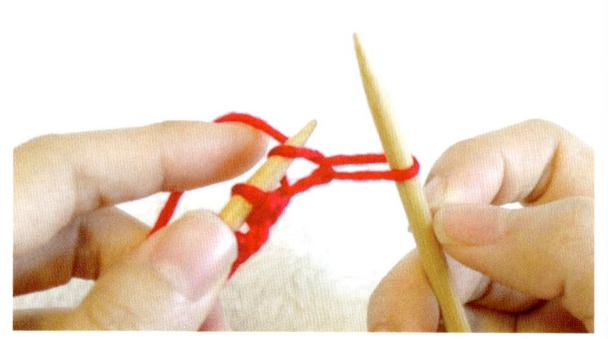

첫 코를 겉뜨기로 뜨시되
왼쪽 바늘에서 코를 빼지 마세요!

그리고 사진처럼 실을 오른손 엄지에
한번 감아 주세요.
그리고 이 상태 그대로 겉뜨기를
한번 더 해주세요.
그리고 왼쪽 바늘의 코를 바늘에서 빼주세요.

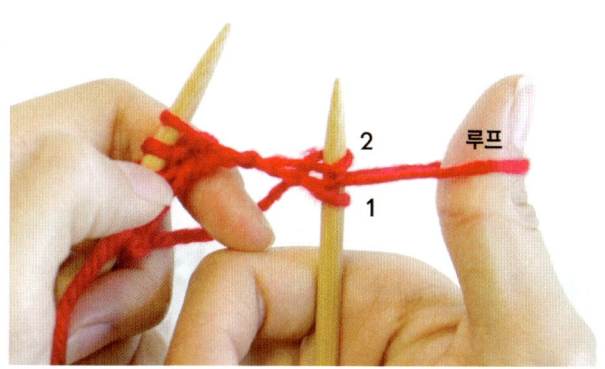

오른쪽 바늘에 총 2코와 엄지 루프가
있을 것입니다. 겉뜨기로 뜬 코, 루프,
겉뜨기로 뜬 코 이렇게요.

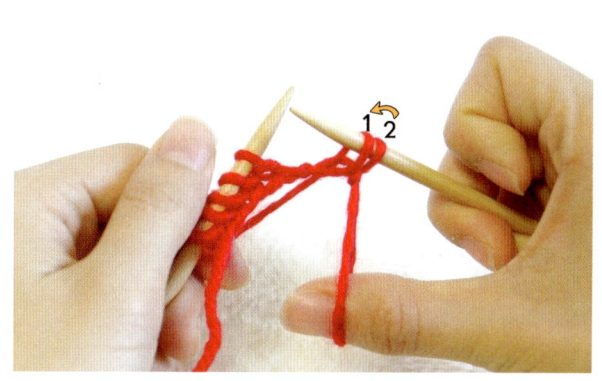

루프를 제외한 2코로 덮어씌우기를 해야 합니다.
1번 코를 2번 코에 덮어씌워 주세요.

덮어씌우기가 마무리되면
오른손 엄지에 걸어 둔 루프를 당겨서
탄탄하게 마무리 해 주세요.
(너무 세게 당기실 필요는 없어요~ 적당히~)

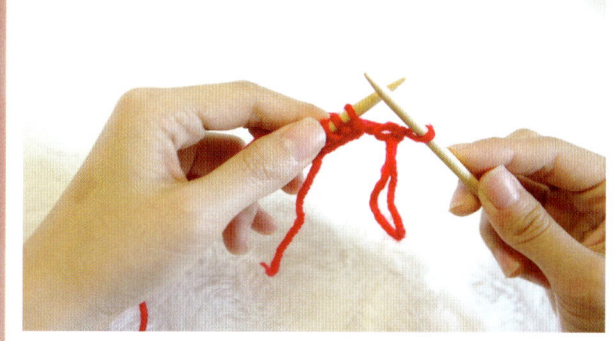

짠~ 루프 하나가 완성되었어요~
엄지에 실을 감을 때에 실을 얼마나
길게 감느냐에 따라 루프의
길이를 조절하실 수 있어요!

솔직히 좀
그렇지?

으헉!
생각보다 1코 가지고
왔다갔다 손이
많이가는데!!

그래도…
너무너무 부드럽고
색상이 예뻐…!
예쁘니까 용서한다…!

부드러움이
정말 최고야!

시간이 많이
걸리는 기법이긴 하지만
여러모로 응용하기
좋답니다!

옷뜰때에 응용하시면
독특하고 풍성하고 예쁜
퍼 느낌을 연출할 수 있어요!

평범한 실로
퍼술 떠보세요!!

더욱 생동감있고 귀여운
인형을 만드실 때에도
유용하게 응용할 수 있어요!

루프뜨기 갈기로
멋진 사자 인형을!!

쑥쓰~

루프뜨기 갈기가 없으면
걍 고양이가?!

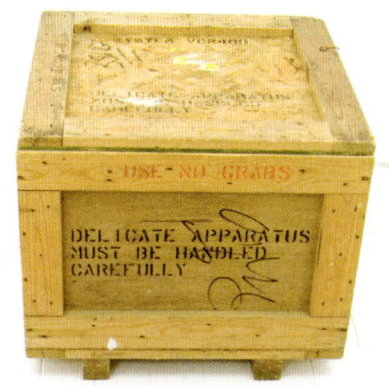

루프뜨기 매트의 뒷면이에요~
매트스러운 느낌의 무늬라 마음에 들어요!

아~ 몽블랑 스탠다드의 색상과 감촉은 정말
환상적이에요! 너무너무 부드럽고 포근해서
발이 닿는 순간! 발부터 잠들어 버릴 것 같아요!
색상이 다양하고 선명해서 인테리어 효과도 제대로!!

아~
뒹굴이는 이래야죠!!

맞아맞아

쿨쿨... 드르렁~

여러분!
뒹굴이 아이템(?) 어떠셨나요?
오늘도 함께 뜨개뜨개해서
너무 즐거웠어요~!

그동안 뜨개놀이
함께해서 즐거웠어요~!!
다음 권에서 또만나요
뜨개뜨개~!

 # 슈에이의 뜨개노트

2015년 1월 10일 인쇄
2015년 1월 15일 발행

저자 : 윤주영
펴낸이 : 남상호

펴낸곳 : 도서출판 예신
www.yesin.co.kr

140-896 서울시 용산구 효창원로 64길 6
대표전화 : 704-4233, 팩스 : 335-1986
등록번호 : 제3-01365호(2002.4.18)

값 16,000원

ISBN : 978-89-5649-118-9